❁ 한방약선 음식 모음 ❁

약선의 사계

봄/여름/가을/겨울

경희대 임상영양연구소
조여원, 조금호, 김윤영 공동편집

이담 Books

藥膳 약선

책을 펴내며...

현대에 살고 있는 우리는 물질문명의 발달로 인한 공해와 스트레스, 식습관의 서구화 등으로 만성질환의 발병위험에 노출되어 있습니다. 이에 따라 건강증진을 위한 건강식품에 대한 수요가 급증하게 되었고 먹어서 영양이 되고 건강하게 약선 음식에 대한 요구가 높아지고 있습니다. 이러한 추세에 맞춰 경희대학교 임상영양연구소에서는 2003년 "한방 약선 전문가 과정"을 개설하여 현재까지 약 160여 명의 한방약선 전문가를 양성해 왔으며 그 과정을 통하여 2005년 '오색으로 먹는 약선'이라는 책을 출간하였고, 이번엔 '약선의 사계'라는 제목으로 책을 출간하게 된 것에 대해 감사한 마음입니다. 이 책은 제철식품을 적절히 사용하고 각 계절의 특성에 맞는 약재를 선택하여 현대인의 입맛과 감각에 맞게 음식의 효능과 조리법을 나타내어 손쉽게 계절별로 상차림 할 수 있도록 구성되어 있습니다.

그간 약선 과정에 참여한 수강생들이 직접 만들어 보고 촬영하는 과정을 지켜보면서 지금까지 출판된 어떤 한방약선 요리책보다 이론과 실제를 겸비한 책이라는 생각을 하였습니다. 이 책이 출간되기까지 많은 분들의 도움이 있었습니다. 한방약선 강의를 맡아주셨던 경희대학교 한의과대학 김호철 교수님, 안덕균 교수님, 이경섭 교수님, 조기호 교수님, 외식산업학과 이영남 교수님, 조리학과 신민자 교수님께 감사의 인사를 드립니다. 또한 푸드스타일링의 김남희 선생, 주행숙 선생과 사진을 맡아 준 최정원 선생에게 감사의 마음을 표합니다.

아무쪼록 이 책이 건강한 삶을 필요로 하는 모든 분들께 보다 쉽게 약선에 접근하여 일상의 식생활에 도움이 되기를 바랍니다.

2009년 12월

경희대학교 임상영양연구소 소장 **조 여 원**

책을 펴내며...

경희대학교 임상영양연구소에서 한방약선 과정 수료자(3기~10기)들이 준비한 질병예방과 치료에 좋은 한방약선 음식을 모아 책으로 출간하게 된 것을 진심으로 축하하며 노고에 치하를 드립니다.

사람은 체질과 체격, 성격이 각기 다르므로 환경과 더불어 약과 음식에 따라 건강에 많은 영향을 미칩니다. 의(醫)·약(藥)·식(食) 중에서 가장 중요한 것이 음식이라는 것이 증명되면서 최근 질병을 예방·치료하는 데 서양의 영양소 중심의 문제점을 보완하여 한의학에서는 약선(藥膳)을 적용하는 연구가 활발히 진행 중입니다. 음식은 약물보다 기의 편향이 적어서 인체에 미치는 영향이 크지 않으나 식습관이 장기간 계속되기 때문에 오히려 약물보다 인체에 더 많은 영향을 미친다고 할 수 있겠습니다.

본 책은 이러한 전통 한의학, 동양 영양학의 장점과 서양 영양학, 조리학의 장점을 접목하여 현대인들에게 질병을 예방하고 건강을 유지 할 수 있도록 하였으며 계절이 바뀌어 감에 따라 입맛을 살릴 수 있고 건강을 지켜나가는 데 도움이 되도록 구성되어 있습니다.

이 책을 출판하기까지 수고해주신 임상연구소의 조여원 소장님, 조금호 박사, 김윤영 박사, 이인회 연구원의 수고해 주심에 진심으로 감사를 드립니다.

이 약선 책이 국민의 건강을 지키는 참고서가 되기를 바라며 끝으로 임상영양연구소의 한방약선연구가 더욱 활발하게 이루어지기를 기원합니다.

2009년 12월

한방약선 총동문회장 **이 영 남**

Contents

봄(春)

여름(夏)

가을(秋)

겨울(冬)

봄(春)

Spring

황정죽

春

작성자 **조선지**

비장과 위장의 허약을 다스리며 봄의 무기력한 증상에 효과적이다. 음을 길러 폐를 윤택하게 하여 기침이나 소갈병, 병후 허약에 응용한다.

재 료

쌀 400g

황정 50g

소금 1/2t

물 15C

만드는 법

1 쌀은 씻어 약 30분 불린다.

2 황정은 깨끗이 씻은 후 마른 팬에 넣고 센 불에서 겉이 노릇해지도록 볶는다.

3 15C 분량의 물에 볶은 황정을 넣고 약한 불에서 1시간 정도 끓인 후 체에 밭쳐 황정 끓인 물 10C을 준비한다.

4 황정 끓인 물에 불린 쌀을 넣고 센 불에서 끓이다 죽이 끓어 오르면 약 불로 20분 정도 하여 은근히 끓인다.

5 죽이 완성되면 소금을 곁들여 상에 낸다.

간편한 봄(春)의 죽

春

작성자 **박순휘**

봄에 기력이 약한 사람에게 식욕을 돋는 데 응용한다.

재 료

불린 쌀 2½C,

불려서 잘게 썬 미역(마른 미역 75g),

마른밥 새우 75g,

참기름 2T, 국간장 2T, 물 10C

만드는 법

1 크기가 넉넉한 냄비에 참기름을 넣고, 마른 밥, 새우를 볶는다.

2 새우가 말갛게 익으면 미역을 넣고 약 5분간 볶는다.

3 2에 국간장을 넣어 간이 배도록 한 후 10C의 물을 붓고 10분간 끓인다.

4 3에 불린 쌀을 넣고 눋거나 넘치지 않도록 불 조절을 하며 잘 저어 20분간 더 끓인다.

5 완성된 죽을 그릇에 담아 상차림 한다.

옥죽(둥굴레) 산약(마) 영양밥

春

작성자 **신태효**

봄철 무기력·식욕감퇴 등에 응용한다.

재 료

쌀 500g, 검은콩 60g, 강낭콩 50g, 흰콩 50g, 연자육 30g, 생옥죽(둥굴레) 50g, 황정 6g, 산약(마) 80g, 밤 5개, 대추 5개, 호박씨 25g, 해바라기씨 25g, 은행 20개

만드는 법

1. 쌀은 씻은 후 30분 이상 불리고, 연자육과 콩은 3시간 이상 충분히 불린다.
2. 물 3C에 황정을 넣고 약한 불로 2C이 될 때까지 은근히 끓인 후 물은 따로 두고 황정은 콩알 크기로 썬다.
3. 생옥죽도 2의 황정과 같은 크기로 썬다.
4. 불린 연자육은 5분 정도 끓여내어 떫은 맛을 우려낸다.
5. 산약(마)은 껍질을 벗기고 콩알의 두세 배 정도 크기로 썬다. 밤도 껍질을 벗기고 같은 크기로 썬다.
6. 대추는 씨를 도려내고 4등분한다.
7. 모든 재료를 솥에 넣고 황정 우린 물로 밥을 짓는다.

비수리 둥굴레밥

春

작성자 **신미숙**

어혈을 제거하고 부기를 가라앉히는 데 응용한다.

재 료

쌀 300g, 보리쌀 60g,

비수리 50g, 생둥굴레 30g,

흰콩 20g, 검은콩 10g, 물 5C

만드는 법

1 비수리에 물 5C을 붓고 3C이 되도록 은근히 달여 물을 받아 둔다.

2 콩과 보리쌀은 미리 씻어 3시간 이상 충분히 불리고, 쌀은 씻은 후 30분쯤 불려둔다.

3 생둥굴레는 콩알 크기만 하게 썰어놓는다.

4 불려둔 쌀, 보리쌀, 콩, 생둥굴레에 비수리 달인 물을 붓고 밥을 짓는다.

tip

* 비수리 물로 밥을 하면 밥이 차질어진다. 또한 콩과 둥굴레도 밥을 차지고 구수하게 만들어주므로 밥맛이 매우 좋아진다.

연자 주먹밥

春

작성자 **박소민**

비(脾) 기능이 허약해서 설사를 할 때에 설사를 멈추게 하는 데 응용한다.

재 료

찹쌀 400g, 쌀 200g, 녹두 100g, 우렁이살 80g, 연자육가루 2T, 고운 소금 1/4T, 참기름 3/4T

만드는 법

1 찹쌀, 쌀, 녹두를 씻어 30분 이상 불린다.

2 1과 물의 비율을 0.5:1로 해서 고슬고슬하게 밥을 짓는다.

3 우렁이살은 깨끗이 씻어 살짝 데친 후 곱게 다진다.

4 연자육은 깨끗이 씻어 면 보로 물기를 제거한 다음 분쇄기에 곱게 갈아 가루로 만든다.

5 다 지어진 밥을 볼에 담아 밥의 열기를 없앤 후 곱게 다진 우렁이살, 연자육가루, 참기름, 고운 소금을 넣고 섞는다(이때 힘을 주어 섞으면 찹쌀로 인해 쌀알 모양이 으깨어지므로 밥주걱을 세워 찍듯이 하여 섞는다).

6 잘 섞어진 밥을 한입 크기로 둥글게 빚는다.

산약 닭고기 볶음밥

春

작성자 **최인재**

봄철 기력을 높이며, 소화를 돕고 설사를 멈추게 하는 데 응용한다.

재 료

밥 550g, 닭고기(안심) 150g, 산약(마) 50g, 양파 60g, 표고버섯 50g, 파프리카 50g, 당근 40g, 죽순 30g, 완두콩 20g, 식용유 2T, 굴소스 2½T, 참기름 1½T, 청주 1½T, 소금 1/3t, 후춧가루 1/10t

만드는 법

1. 닭고기는 사방 2cm 크기로 썰어서 밑간(청주/소금/후춧가루)을 해 놓는다.
2. 산약은 껍질을 벗기고 완두콩만 한 크기로 썰어서 완두콩과 함께 삶아 둔다.
3. 죽순은 끓는 물에 살짝 데친 후 완두콩 크기로 썰고 양파, 표고버섯, 파프리카, 당근도 같은 크기로 썬다.
4. 팬에 식용유를 두르고 가열하여 밑간 하여둔 닭고기를 넣어 볶는다.
5. 닭고기가 익으면 3의 준비해 둔 채소를 넣고 가볍게 볶은 후 밥과 굴 소스를 넣고 밥알에 윤기가 나도록 볶는다.
6. 5의 밥에 참기름을 넣어 20~30초 더 볶은 다음 불을 끄고 미리 익혀둔 산약과 완두콩을 넣고 고루 섞는다.

숙지황 떡볶이

春

작성자 **최인재**

보혈을 도와주고 음기를 보충하여, 혈액부족으로 어지럽거나 월경불순이 있을 때 응용한다.

재 료

오징어 1마리, 돼지고기(삼겹살) 500g, 떡볶이용 흰떡 20개, 숙지황 20g, 팽이버섯 20g, 양파 1개, 파프리카(노랑) 1개, 청 · 홍고추 각 5개, 대파 1½대, 물 1C

* 양념장: 고추장 5T, 설탕 5T, 고춧가루 3T, 간장 4T, 다진 파 1T, 다진 마늘 2t, 다진 생강 1/3t, 참기름 1t, 깨소금 1t, 후춧가루 1/5t

만드는 법

1 오징어는 배를 갈라 내장을 없애고 껍질을 벗긴 다음 바깥쪽으로 칼집을 내서 2×5cm 크기로 썬다.

2 삼겹살은 4×5×1cm 크기로 썰고 청 · 홍고추, 대파는 어슷하게 썬다.

3 떡볶이용 흰떡은 먹기 좋게 이등분하고(냉동 흰떡의 경우 미리 한 번 삶아서 찬물에 헹구어둔다), 양파는 0.5cm 굵기로 채 썬다.

4 파프리카는 양파 크기에 맞춰 채 썰고 팽이버섯은 밑동을 잘라둔다.

5 숙지황에 물 1C을 붓고 10분간 끓여 체에 밭쳐 둔다.

6 손질한 오징어, 삼겹살, 흰떡에 모든 양념장 재료를 넣고 섞은 후 숙지황 끓인 물 5T를 골고루 뿌린 다음 다시 잘 섞어서 2시간 정도 잰다.

7 팬에 호일을 깔고 준비한 재료를 모두 올려 볶아낸다.

쑥 수제비

春

작성자 **노국진**

쑥은 따뜻한 성질이 있어 생리 불순, 생리통, 수족냉증 등의 증상에 응용한다.

재 료

밀가루 3C, 쑥가루 2T,

바지락 400g, 감자 300g,

애호박 150g, 대파 1대,

풋고추 1개, 다진 마늘 2T,

국간장 4T, 다시마 20*20cm,

국물용 멸치 1C, 소금 1t,

물 12½C

만드는 법

1 밀가루에 소금을 넣고 체에 내린 후 쑥가루를 넣고 고루 섞는다.

2 1에 물 1½C을 넣고 반죽하여 한 덩어리로 뭉친 후 뚜껑 있는 그릇(비닐봉투)에 담아 냉장고에 30분 정도 넣어둔다.

3 바지락은 깨끗이 씻어 해감을 없앤다.

4 찬물 11C에 다시마와 내장을 뺀 멸치를 넣고 끓여 육수를 만든다(건지는 건져낸다).

5 감자와 애호박은 손질한 후 2cm 두께로 납작하게 썰고 풋고추와 대파는 어슷 썬다.

6 냄비에 4의 멸치다시마육수 10C을 붓고 끓인 후 2의 반죽으로 수제비를 만들어 넣고 수제비가 반쯤 익으면 감자와 애호박을 넣고 끓인다.

7 반죽이 익어 위로 떠오르면 바지락과 풋고추, 대파, 다진 마늘을 넣고 국간장과 소금으로 간하여 상차림한다.

약선 차돌박이 전골

春

작성자 **이윤근**

보혈제(당귀, 천궁, 백출)를 사용하여 기가 허해진
사람에게 응용한다.

재 료

차돌박이(쇠고기) 500g,

표고버섯 100g, 느타리버섯 100g,

새송이버섯 100g, 팽이버섯 100g,

부추 100g, 육수 2C

*** 국물재료 ①: 물 5C, 감초, 황기,**

당귀, 천궁, 백출 각 5g, 오향 0.5g

②: 양파 40g, 대파 40g, 고춧가루

2T, 간장 1½T, 마늘 1T, 설탕 1T,

후춧가루 1/3t

만드는 법

1 국물재료 ①을 냄비에 담고 30분 정도 끓인 다음 건지를 건져내어 1차 국물을 만든다.

2 1에 국물재료 ②를 모든 재료를 넣고 다시 30~40분간 끓여 체에 밭쳐 2차 국물을 만든다.

3 전골냄비에 차돌박이와 각종 버섯(표고, 느타리, 새송이, 팽이), 부추를 전골용으로 썰어 담고 2의 국물을 부어 끓인다.

산약, 단호박 코다리찜

春

작성자 **구옥희**

기를 더하고 장을 튼튼하게 하여 피부에 윤기가 없고 거친 사람, 노인들에 응용한다.

재 료

코다리 2마리(중간 크기),
무 500g, 산약(마) 300g,
단호박 300g, 구기자 1T, 잣 1T,
호두 10쪽, 밤 10개

*양념장: 물 1/2C, 간장 5T, 고춧가루 1T, 다진 마늘 1T, 다진 실파 1T, 다진 생강 1t, 깨소금 1t, 참기름 1T

만드는 법

1 산약(마)과 단호박은 껍질을 벗기고 1cm 두께로 납작하게 썬다.

2 무는 깨끗이 손질하여 1cm 두께로 납작하게 썬다.

3 코다리는 깨끗이 손질하여 5cm 크기로 토막 낸다.

4 모든 양념장 재료를 합해 양념장을 만든다.

5 냄비 바닥에 무를 깔고 마(산약), 단호박, 코다리와 양념장을 넣고 끓인다.

6 양념장을 끼얹어가며 끓이다 절반 정도 익으면 구기자, 잣, 호두, 밤을 넣고 다시 한 번 더 끓여 상차림한다.

大清順
治年製

수삼 오징어 샐러드

春

작성자 **황희영**

재 료

오징어 1마리, 수삼 1뿌리, 오이 1/2개, 적양배추 30g, 순무(래디시) 1개, 소금 1/3t, 식초 1/3t

sauce

* 간장소스: 간장 1T, 레몬즙 1T, 설탕 1t, 참기름 1t

만드는 법

1 오징어는 배를 갈라 겉껍질을 벗겨내고 내장이 있던 쪽에 대각선으로 비스듬히 칼집을 넣어 1.5×5cm 크기로 썬 다음 끓는 물에 소금과 식초를 넣고 데쳐낸다.

2 수삼은 깨끗이 씻어 0.3cm 굵기로 채 썰고, 적양배추도 같은 굵기로 채 썬다.

3 오이는 길이로 반 갈라 어슷하게 썰고, 순무는 0.2cm 두께로 동그랗게 썬다.

4 준비한 재료를 섞어 담고 먹기 직전 간장소스를 뿌린다.

보양 사슴고기 수육

春

작성자 **유은숙**

건강과 체력을 보하고 특히 오장(간장, 심장, 비장, 폐, 신장)의 기능을 보하는 데 응용한다.

만드는 법

재 료

녹육 500g, 부추 200g, 깻잎 200g, 물 10C, 된장 2T, 대파 3대, 양파 1/2개, 마늘 5개, 생강 10g, 통후추 8알, 들기름 1T, 소금 1/2t

*** 양념장: 고춧가루 3T, 다진 양파 2T, 다진 마늘 1T, 녹육 삶아낸 육수 2T, 들깨가루 10T, 소금 1t, 후춧가루 1/10**

1 사슴고기(녹육)은 흐르는 물에 씻은 후 1시간 정도 찬물에 담가둔다.

2 냄비에 물 10C을 붓고 된장, 대파, 양파, 마늘, 생강, 통후추를 넣고 1의 녹육을 넣어 2시간 정도 삶는다.

3 녹육이 물러지면 건져내어 1cm 정도의 굵기로 찢고 삶아낸 물은 기름을 걷어낸 후 면 보에 걸러둔다.

4 부추와 깻잎은 깨끗이 씻은 후 끓는 물에 살짝 데쳐 들기름과 소금으로 각각 양념하여 둔다.

5 양념장 재료를 모두 섞어 양념장을 만든다(단, 들깨가루는 양념장 완성 후 뿌린다).

6 넉넉한 접시에 3의 녹육과 4의 부추, 깻잎을 담고 양념장을 곁들여낸다.

tip

** 냄비에 3의 육수를 담아 가열하여 녹육과 채소를 잠시 담갔다가 먹을 수 있도록 한다.

明月光
地上
望明
思故

약선 팔각 산사 장육

春

작성자 **이점숙**

소화를 돕고 혈이 뭉친 것을 풀어주고, 비를 튼튼하게 하며 위의 작용을 도와준다.

재 료

돼지고기(사태) 600g, 계피5cm, 팔각 3개, 대파 2대, 마늘 3개, 생강 10g, 건고추 2개, 부추 150g

* 조림장: 육수(돼지고기 삶아낸 것 사용) 1½C, 간장 5T, 복분자주 3T, 산사 3쪽, 설탕 3T

sauce

* 소스: 설탕 2T, 식초 2T, 물 2T, 발효겨자 1T, 소금 1/3t

만드는 법

1 냄비에 돼지고기가 잠길 정도의 물을 붓고 계피, 팔각, 대파, 마늘, 생강, 건고추를 넣고 물이 끓으면 돼지고기를 넣어 1시간 20분 정도 삶는다.

2 돼지고기가 익으면 고기는 건져내고 국물은 면 보에 밭쳐 육수를 만든다.

3 다른 냄비에 조림장 재료를 넣고 끓으면 삶아낸 돼지고기를 넣고 윤기가 나도록 조려준다.

4 부추는 깨끗이 씻은 후 끓는 물에 살짝 데쳐낸다.

5 모든 소스재료를 합하여 소스를 만든다.

6 잘 조려진 돼지고기를 1.5cm 두께로 도톰하게 썬 다음 데쳐낸 부추와 함께 담아 소스를 곁들여낸다.

tip

** 발효겨자: 적당한 크기의 그릇에 겨자를 개어 담고 40℃로 가열한 뚜껑 위에 엎어 15분간 둔다.

오디 양갈비 구이

春

작성자 **차복란**

오장을 보호해주고 눈과 귀를 밝게 하며 관절을
부드럽게 하는 데 응용한다.

재 료

양갈비 1kg, 우엉 100g,
식용유(양갈비구이용) 1/2C,
식용유(우엉튀김용) 2½C,
다진 마늘 5T, 소금 1t,
후춧가루 1/3t

* 샐러드 재료: 당귀잎, 갓, 체리토마토, 양파 각 50g

sauce

* 오디소스: 오디 250g, 설탕 6T,
물녹말(녹말 1T: 물 1T)

만드는 법

1 양갈비는 손질하여 다진 마늘, 소금, 후춧가루로 양념하여 둔다.

2 냄비에 오디, 설탕을 넣고 중불로 하여 끓으면 약한 불로 줄이고 자글자글 끓으면 물녹말을 넣고 걸쭉한 소스를 만든다.

3 팬에 식용유를 두르고 1의 양갈비를 굽는다.

4 우엉은 0.3cm 두께로 길게 썰어 몰드에 감고 150~160℃의 식용유에 갈색이 나도록 튀긴다.

5 완성접시에 구워낸 양갈비와 튀겨낸 우엉을 세워 담은 후 오디소스를 뿌린다.

보혈탕수육

春

작성자 **원명숙**

원기(元氣)를 보하고 오장의 기능을 왕성하게 하는데 특히 비장(脾臟)과 폐장(肺臟)의 기능을 튼튼하게 한다.

재 료

닭 가슴살 300g, 인삼 100g, 소금 1/3t, 후춧가루 1/10t, 식용유 적당량(튀김용)

*** 튀김옷: 튀김가루 200g, 물 2/3C**

sauce

*** 소스: 구기자 우려낸 물 5C (구기자 25g을 넣어 2시간 정도 우려낸다), 당귀 5g, 구기자 25g, 사과 80g, 건포도(청색) 25g, 황설탕 2T, 소금 1/3t , 2배 사과식초 1½T, 물녹말(녹말 1T, 물 1T)**

만드는 법

1 닭 가슴살은 3×3×1cm 크기로 썰어 소금, 후춧가루를 뿌려 10분간 재워둔다.

2 인삼은 모양을 그대로 살려 깨끗이 씻은 후 물기를 없앤다.

3 튀김옷 재료를 재빨리 섞어 튀김옷을 만든 후 1, 2의 닭 가슴살과 인삼에 입혀 170℃ 이상의 식용유에서 튀겨낸다.

1 구기자와 당귀는 잡티를 없애고 깨끗이 씻어둔다.

2 사과는 깨끗이 씻은 후 껍질째 2×2×1cm 크기로 썬다.

3 건포도는 깨끗이 씻은 후 물기를 없앤다. (껍질을 제거한 생청포도를 사용해도 좋다)

4 구기자 우려낸 물에 당귀를 넣고 5분간 끓여 당귀는 건져내고 사과와 황설탕, 소금을 넣어 끓인다.

5 사과가 거의 익을 무렵 건포도와 구기자를 넣고 살짝 끓인 다음 2배 사과식초와 물녹말로 농도를 맞춰 탕수소스를 만든다.

4 완성접시에 튀겨낸 닭 가슴살과 인삼을 담은 후 탕수소스를 뿌려낸다.

미니 파프리카전

春

작성자 **김진화**

피로회복과 열이 나고 갈증을 해소하는 데 응용한다.

재 료

미니 파프리카(바인스위트) 8개,
돼지고기(살코기) 80g,
미나리 80g, 두부 30g, 계란 3개,
치자물 2t(치자 1개에 물 2T를 부어 색이 우러나면 면 보에 걸러 사용한다),
밀가루 1½T, 다진 마늘 1T,
생강즙 1/3t, 참기름 1/2t, 소금 2t,
후춧가루 1/10t, 식용유 3T

sauce

* 겨자장: 간장 1/2T, 설탕 2T, 식초 2T, 물 2T, 소금 1/5t, 발효겨자 1T

* 발효겨자: 적당한 크기의 그릇에 겨자를 개어 담고 40℃로 가열한 뚜껑 위에 엎어 15분간 둔다.

만드는 법

1 미니 파프리카는 통째 소금 1½t을 뿌려 절인 후 물에 헹궈 물기를 제거한다.

2 곱게 다진 돼지고기에 수분을 빼서 으깬 두부를 넣고 분량의 다진 마늘, 생강즙, 후춧가루 중 일부를 덜어 밑간 한다.

3 미나리는 끓는 물에 살짝 데친 후 물기를 빼고 잘게 썰어 2에 넣고 남은 마늘, 생강즙, 소금, 후춧가루를 넣어 버무린 후 참기름을 두른 팬에 살짝 볶아 수분을 날려둔다.

4 절여 놓은 미니 파프리카의 한쪽 면만 길이로 갈라 씨를 털어내고 속에 밀가루를 뿌린 후 3에 2의 고기소를 넣어 속을 채운 다음 고기소가 보이는 부분에만 밀가루를 살짝 뿌린다.

5 계란은 노른자만 분리하여 치자물을 섞은 다음 고기소를 넣은 쪽에만 발라 식용유를 두른 팬에 지져낸다.

6 간장이나 겨자장을 곁들여 상에 낸다.

용안육 두텁떡

春

작성자 **권병근**

마음을 안정시키며, 식욕과 소화를 돕고,
허한 기를 보하는 데 응용한다.

재 료

찹쌀가루 5C, 간장 3T, 꿀 1/2C

*** 고물: 거피팥 8C, 간장 5T, 흰 설탕 1C, 황설탕 1C, 계피가루 1½T**

*** 소: 볶은 팥고물(체에 내리고 남은 것) 2C, 용안육 20g, 밤 10개, 대추 10개, 호두 10쪽, 유자청 건지 2T, 유자청 2T, 잣 1T, 꿀 2T, 계피가루 1/2T**

만드는 법

1 찹쌀가루에 분량의 간장과 꿀을 넣고 고루 섞은 후 두 손으로 비벼 체에 내린다.

2 거피팥은 물에 불려 껍질이 없도록 씻어 찜통이나 시루에 푹 찐다.

3 잘 쪄진 거피팥을 뜨거울 때 굵은 체에 내리고 간장, 흰 설탕, 황설탕을 넣어 고루 섞은 다음 넓은 번철에 보슬보슬하도록 볶아 계피가루를 섞어 체에 내린다(체에 내리고 남는 것은 따로 둔다).

4 용안육, 밤, 대추, 호두는 손질하여 사방 0.8cm 정도 크기로 썰고 유자청 건지도 이에 맞춰 다진다. 잣은 통잣으로 준비하여 고깔을 떼어낸다.

5 체에 내리고 남은 팥고물 2C에 4의 준비한 재료들과 유자청 등 남은 소재료들을 모두 넣고 뭉쳐 직경 2cm 정도의 동글납작한 완자모양으로 빚어 소를 만든다.

6 시루나 찜통에 면 보를 깐 후 거피팥고물(체에 내린 것)을 뿌리고 1의 찹쌀가루를 숟가락으로 떠서 서로 달라붙지 않도록 드문드문 놓고 5의 소를 하나씩 얹은 후 다시 찹쌀가루를 얹어 봉우리처럼 되도록 한다.

7 6에 팥고물을 충분히 덮고 봉우리 사이로 3~4켜 떡을 더 안쳐 김 오른 찜기에 15~20분간 쪄낸다. 한 김 나가면 수저로 하나씩 꺼낸다.

약선 만두와 유자소스

春

작성자 **김은민**

소화기의 기능이 약하거나 설사를 할 때, 천식과 기침이 있을 때 응용한다.

재 료

*** 만두소: 닭 가슴살 50g, 쇠고기 50g, 두부 50g, 무 70g, 숙주 50g, 미나리 30g, 건표고 1개, 산약(마)가루 1T, 잣 1T**

*** 만두소 양념: 다진 파 2t, 다진 마늘 1t, 생강즙 1/2t, 소금 1t, 참기름 1t, 깨소금 1t, 후춧가루 1/10t**

*** 만두피**
① 밀가루 1C, 찹쌀가루 1T, 하엽 끓인 물 5~6T, 소금 1t
② 밀가루 1C, 찹쌀가루 1T, 치자 우린 물 5~6T, 소금 1t
③ 밀가루 1C, 찹쌀가루 1T, 상엽가루 2T, 물 5T, 소금 1t
④ 밀가루 1C, 찹쌀가루 1T, 백년초가루 2T, 물 5T, 소금 1t
⑤ 밀가루 1C, 찹쌀가루 1T, 흑임자가루 2T, 물 5T, 소금 1t

*** 초간장: 간장 1T, 식초 1T, 설탕 1/2T, 물 1T**

sauce

*** 유자소스: 유자청 2T, 간장 4T, 다시마물 4T, 식초 2T**

만드는 법

〈만두피 만들기〉

1 각각의 만두피 재료를 색깔별로 반죽하여 직경 6cm 크기의 원형으로 얇게 민다.

〈만두소 만들기〉

1. 닭 가슴살과 쇠고기는 곱게 다지고 건표고는 불려서 곱게 채 친다.
2. 두부는 물기를 없앤 후 곱게 으깨고 무는 곱게 채 썰어 데친 후 물기를 꼭 짠다.
3. 1, 2, 3의 모든 재료와 산약가루, 만두소 양념을 넣고 고루 섞어 만두소를 만든다.

2 1의 각색 만두피에 소를 조금씩 올리고 잣을 한두 개씩 얹은 다음 양손으로 모아 주머니 모양으로 빚는다.

3 김이 오른 찜기에 20~30분간 찐 후 초간장이나 유자소스를 곁들여낸다.

오발밀고(烏髮蜜膏) 맥문동 백합정과

春

작성자 **김봉찬**

수발(鬚髮)을 검게 하고, 근골을 튼튼하게 하고, 정기(精氣)를 고정하여 수발조백(鬚髮早白), 탈발증(脫髮症)에 응용한다.

재 료

하수오 50g, 복령 50g, 당귀 20g,
구기자 20g, 토사자 20g,
우슬 20g, 보골지 20g,
흑지마 20g, 맥문동 200g,
백합 200g, 간장 3T, 꿀 1C,
소금 1/5t

만드는 법

1 하수오, 복령, 당귀, 구기자, 토사자, 우슬, 보골지, 흑지미 등 8가지 약재를 깨끗이 씻어 충분히 잠길 만큼의 물에 3시간 정도 담갔다가 20분간 끓인 후 건지와 물을 분리한다.

2 1의 건지에 다시 물을 부어 끓이고 이를 거르며 이것을 두 번 반복한다(끓여낸 물은 모두 합해둔다).

3 맥문동과 백합은 깨끗이 씻은 후 각각의 냄비에 따로 담아 약재가 잠길 만큼의 물을 붓고 15분간 삶아 체에 건진다.

4 2의 약재 끓인 물에 간장, 꿀, 소금을 넣고 끓여 걸쭉해지면 3의 삶은 맥문동과 백합을 넣고 조린다.

5 맥문동과 백합이 정과의 상태가 되도록 조려지면 불을 끄고 작은 항아리에 담아 상차림한다.

음허체질을 위한 약선 키쉐(Quiche)

春

작성자 **백승희**

오장을 보호해주고 눈, 귀를 밝게 하며
관절을 부드럽게 해주고 기혈을 소통시키는 데 응용한다.

재 료

* Dough: 밀가루(중력분) 2¾C, 버터 10T, 소금 1/2t, 오디 우린 물 3~4T, 계란 1개, 10인치 파이 팬

* Filling

① 오디 30g, 간장 2t, 설탕 1t, 다진 마늘 1t, 물엿 1T

② 구기자 30g, 소금 1/4t, 다진 파 1/2t, 다진 마늘 1/2t, 물 3T, 설탕 1/2t, 물엿 1t, 참기름 1/2t

③ 양파 2개, 식용유 1T

④ 브로콜리 50g

⑤ 생크림 7T ⑥ 우유 1C

⑦ 계란 5개 ⑧ 소금, 흰 후춧가루, 넛맥 약간

만드는 법

1 밀가루를 체에 내린 다음 가운데 우물을 파고 잘게 다진 버터를 넣은 다음 손으로 비벼 빵가루와 같은 상태로 만든다.

2 1에 소금 1/2t와 오디 우린 물 3~4T, 계란을 풀어 넣고 잘 섞은 다음 재빨리 부드럽게 반죽한다.

3 랩을 이용하여 2의 반죽을 싸 냉장고에 1시간 이상 두었다가 0.6cm 두께로 밀어 10인치 파이 팬에 채워 넣는다

4 오디물을 우려내고 난 건더기를 Filling ①의 양념으로 재빨리 볶아낸다.

5 구기자는 깨끗이 씻은 후 Filling ②의 양념으로 재빨리 볶아낸다.

6 양파는 0.2cm 두께로 얇게 썬 후 식용유를 두른 팬에 볶아내고 브로콜리는 한입 크기로 잘라 끓는 소금물에 데친 후 물기를 없앤다.

7 생크림은 우유, 계란과 합하여 거품 친 후, 양파, 브로콜리와 섞고 소금, 흰 후춧가루, 넛맥으로 간한다.

8 파이 팬에 수저로 7과 오디, 구기자 Filling을 떠서 채운 다음 수저로 표면을 편편하게 정리하고 200℃로 예열한 오븐에 넣어 약 45분간 표면이 황갈색이 날 때까지 굽는다.

바쁜 아침을 위한 과일 녹차요구르트

春

작성자 **김주헌**

열을 내려 머리를 맑게 해주어 봄철 춘곤증에 좋다.

재 료

가루녹차 1t, 우유 5C, 플레인 요구르트 1개, 사과 2개, 키위 3개, (몽키)바나나 5개, 밤 5개, 붉은색 과일(딸기, 보리수 열매 등) 10개, 오디 1C, 용안육 1/2C, 잣 2T, 호두 1/2C, (해바라기 씨, 땅콩, 말린 과일, 곡물 등 기호대로 가감), 꿀 3T

만드는 법

1 발효하거나, 상온에 이틀간 두어 발효시킨 후, 가루녹차를 넣고 고루 섞어 냉장한다(시판되는 플레인요구르트를 사용해도 좋다).

2 각종 계절 과일, 말린 과일을 먹기 좋게 썰어 담고 냉장한 녹차 요구르트를 얹은 다음 기호에 따라 꿀을 넣고 견과류를 듬뿍 얹어 낸다. 아침 대용식일 경우에는 바나나, 곡물류를 더 많이 후식일 경우에는 기호에 따른 계절과일 위주로 양을 조절하여 낸다.

상엽 용안육 구름떡

春

작성자 **김상희**

비위 간폐를 보하고 기침, 해서에 도움이 되며,
위를 따뜻하게 하고 노화방지에 응용한다.

재 료

찹쌀 800g, 상엽분말 20g, 용안육 150g, 서리태 60g, 밤 7개, 호두 8쪽, 잣 20g, 설탕 3/4C, 소금 1⅓T

만드는 법

1 찹쌀을 8시간 정도 충분히 불린 후 빻아 놓는다.

2 서리태는 불리고 밤과 호두는 서리태 크기 정도로 썬다.

3 찹쌀가루, 용안육, 서리태, 밤, 호두, 잣을 반으로 나눈다.

4 3에 1/2분량의 설탕과 소금으로 간을 한 후 상엽분말을 넣고 섞는다.

5 4에 용안육, 서리태, 밤, 호두, 잣을 4에 넣고 물을 약간 넣어 잘 섞이게 한다.

6 나머지 찹쌀가루에 남은 소금과 설탕으로 간을 한 후 남겨둔 용안육, 서리태, 밤, 호두, 잣 등의 재료를 넣어 약간의 물을 넣고 섞어준다.

7 김이 오른 찜 솥에 젖은 면 보를 깔고 5, 6의 재료를 따로 올려 30분간 찐 다음 구름떡틀에 켜켜로 놓아 모양을 만들어 굳힌 후 일정한 크기로 잘라낸다.

※ 구름떡틀 (40×7×4㎝)

용안약식

春

작성자 **조동희**

심(心)과 비(脾)가 허약하여 잠을 못 이루는 증상, 잘 놀라며 걱정이 많은 증상, 소화력이 떨어진 증상에 응용한다.

재 료

찹쌀 4C, 용안육 10g, 인삼가루 1t, 간장 3T, 황설탕 2/3C, 캐러멜 소스 1/4C, 참기름 6T, 소금 1/2t, 물 2½C, 밤, 대추, 잣 적당량(기호식)

만드는 법

1. 찹쌀은 깨끗이 씻은 후 1시간 정도 물에 불려 건져놓는다.
2. 밤은 속껍질까지 벗긴 다음 2~3등분하고 대추는 씨를 도려낸 후 2~3등분한다.
3. 용안육과 잣은 깨끗이 씻어 물기를 뺀다.
4. 압력솥에 간장과 황설탕, 캐러멜소스, 소금을 넣고 약 불에서 황설탕을 완전히 녹인 후 남은 모든 재료를 넣고 섞어서 뚜껑을 덮고 가열한다.
5. 솥에서 소리가 나면 약 불에 5분 정도 뜸을 들인 후 꺼내어 원하는 그릇에 담아 식힌 다음 적당한 크기로 잘라 낸다.

7색 부꾸미

春

작성자 **이영순**

소화가 잘 되며, 약한 몸을 보하는데 응용한다.

재 료

① 노랑
찹쌀가루 1½C, 기장쌀가루 1/2C, 울금가루 2t, 설탕 2T, 소금 1/2t, 물 3T~5T

② 검정
찹쌀가루 2C, 흑임자 가루 1½T , 설탕 2T, 소금 1/2t, 물3~5T

③ 구기자
찹쌀가루 2C, 구기자 가루 1T, 설탕 2T, 소금 1/2t, 물 3~5T

④ 상엽(뽕잎)
찹쌀가루 2C, 상엽가루 1T, 설탕 2T, 소금 1/2t, 물 3~5T

⑤ 감가루
찹쌀가루 2C, 감 가루 1½T, 설탕 2T, 소금 1/2t, 물 3~5T

⑥ 산약
찹쌀가루 2C, 산약(마) 가루 1½T, 설탕 2T, 소금 1/2t, 물 3~5T

⑦ 복분자
찹쌀가루 2C, 복분자주 1½T, 설탕 2T, 소금 1/2t, 물 2~4T

*** 고명: 대추, 장미 등**

*** 식용유 약간, 설탕 1/2C**

만드는 법

1 분량의 찹쌀가루에 각각의 색에 맞춰 준비한 재료(기장쌀가루(울금가루), 흑임자가루, 구기자가루, 상엽가루, 감가루, 마가루, 복분자주를 넣고 고루 섞는다.

2 1의 각 색깔의 찹쌀가루에 각기 분량의 설탕과 소금, 물을 넣고 익반죽 하여 동그랗게 빚은 후 식용유를 두른 팬에 굽는다.

3 넓은 접시에 설탕을 뿌린 다음 구워진 부꾸미를 담고 다시 설탕을 뿌린다.

4 취향에 따라 고명을 얹어 낸다.

tip

* 상엽(뽕잎)가루 대신 뽕잎즙, 마가루 대신 신선한 마를 갈아서 사용해도 좋다.

여름(夏)

Summer

녹차 단호박 팥죽

夏

작성자 **이지선**

몸속의 노폐물을 제거하여 해독을 돕고 위와 장, 폐를 건강하게 하며 피부를 윤기 있게 하는 데 응용한다.

재 료

팥 1/2C, 불린 찹쌀 1/3C, 단호박 1개, 우유 1/3C, 밤 2개, 호두 2쪽, 가루녹차 1t, 꿀 3T, 설탕 1t, 소금 1/3t

만드는 법

1 팥은 깨끗이 씻은 후 넉넉한 양의 물을 붓고 끓여 첫 물은 따라 버리고 다시 넉넉히 물을 붓고 끓여 팥알이 터지도록 삶는다.

2 팥알이 잘 삶아지면 으깨어 체에 내린 후 팥물은 남기고 껍질은 버린다.

3 3의 팥물에 불린 찹쌀을 넣고 물을 더해가면서 걸쭉하게 죽이 어우러지도록 끓이고 설탕, 소금으로 간을 한다.

4 밤은 삶아 사방 0.5cm 크기로 썰고 호두도 밤과 같은 크기로 썬다.

5 단호박의 꼭지 쪽을 둥글게 도려낸 다음 씨를 파내고 1시간 정도 찜통에 찐다.

6 잘 쪄진 단호박 안쪽에 분량의 꿀을 바른 다음 우유를 데워 붓고 팥죽을 넣는다.

7 밤과 호두를 고명으로 올리고 가루녹차를 뿌린다.

8 가루녹차, 팥죽, 꿀, 우유, 단호박을 섞어서 먹는다.

영양 닭국수

夏

작성자 **조명숙**

원기를 북돋아주어 땀이 많은 증상을 완화시키며
조혈효과가 있으며 진액생성을 촉진하는 데 응용한다.

재 료

닭 1마리(1kg), 수삼 100g,
황기 60g, 당귀 8g, 맥문동 20g,
구기자 10g, 마늘 6개, 생강 10g,
대추 6개, 물 20C, 건 국수 400g

* 닭고기양념: 소금 1t,
후춧가루 1/5t

* 국물: 닭 삶은 육수 10C, 참깨 1C, 흑임자 1C, 잣 100g, 소금 1T

* 고명: 수삼 30g, 대추 2개, 은행 5개, 새싹채소 20g

만드는 법

1 깨끗이 손질한 닭을 끓는 물에 넣어 한 번 끓어오르면 그 물은 버리고 닭고기는 건져 흐르는 물에 헹군다.

2 다시 찬물 20C에 수삼, 황기, 당귀, 맥문동, 구기자, 마늘, 생강, 대추를 넣고 끓여 물이 끓어오르면 1의 닭고기를 넣고 약한 불에서 50분간 은근히 끓인 후 고기와 육수를 분리한다.

3 삶아낸 닭고기는 1cm 정도의 굵기로 찢어 닭고기양념으로 양념하고 육수는 면 보에 거른 후 차게 식혀 기름기를 걷어낸다.

4 기름기를 걷어낸 닭 육수에 참깨, 흑임자, 잣을 넣고 블렌더에 곱게 갈아 체에 밭친 다음 소금으로 간하여 차게 식혀둔다.

5 국수는 15C의 끓는 물에 조금씩 넣어 삶다가 끓어오르면 찬물을 한 컵 붓고 다시 끓어오르면 찬물에서 재빨리 헹군 후 1인분씩 사리를 만들어 소쿠리에 얹어놓는다.

6 고명용 수삼은 0.2cm 두께로 어슷하게 썰고, 대추는 씨를 도려내고 0.2cm 두께로 채 썬다.

7 국수와 닭고기를 그릇에 담고 4의 국물을 조용히 붓는다.

8 수삼, 대추, 은행, 새싹채소를 보기 좋게 얹어 고명한다.

약선 닭 칼국수

夏

작성자 **배현주**

원기를 회복시켜 주며 보비(補脾)기능이 있다.

재 료

닭고기(중) 1/2마리, 밀가루 500g, 하엽 끓인 물 1¼C(하엽 10g을 10분간 끓여서 만든다), 소금 1/2t, 애호박 150g, 계란 1개

*** 닭육수: 산사 20g, 복령 10g, 대파 1대, 마늘 2개, 생강 5g, 소금 1t**

*** 닭고기 양념: 다진 파 1T, 다진 마늘 1/2T, 소금 1/5t, 참기름 1t, 깨소금 1/2t, 후춧가루 1/5t**

만드는 법

1 닭고기가 푹 잠길 만큼의 물에 깨끗이 손질한 닭고기와 함께 소금을 제외한 모든 닭육수 재료를 넣고 1시간 동안 삶는다.

2 삶은 닭고기는 건져내어 0.5cm 굵기로 찢고 닭고기 양념으로 양념한다. 육수는 기름을 걷은 후 면 보에 걸러 소금 간 해둔다.

3 밀가루에 소금을 넣고 체에 내린 후 하엽 끓인 물로 반죽한다.

4 반죽이 완성되면 젖은 면 보로 덮어 30분 정도 두었다가 밀대로 민 후 썰어서 국수를 준비한다.

5 애호박은 0.3×0.3×5cm 크기로 채 썰고 계란은 황백지단을 부쳐 같은 크기로 채 썬다.

6 2의 닭육수에 국수와 애호박을 넣고 끓여 국수가 떠오르면 그릇에 담고 양념한 닭고기와 지단채를 얹어낸다.

인삼 가지선

夏

작성자 **김판순**

원기를 보하고 진액을 생기게 하며
갈증을 멈추게 하는 데 응용한다.

재 료

가지 2개, 수삼(4년 근) 1뿌리, 홍고추 3개, 실파 5뿌리, 마늘 2개, 식용유 1T

* 양념장: 간장 10T, 식초 5T, 설탕 5T, 통깨 2T

만드는 법

1 가지는 길이로 반 가른 후 3등분하여, 껍질 쪽으로 사선 모양이 칼집을 낸 후 식용유를 두른 팬에 지져 식힌다.

2 수삼과 마늘을 0.2×0.2×2cm 크기로 곱게 채 치고, 홍고추와 실파는 거칠게 다진 후 이들을 합하여 가지의 칼집에 넣는다.

3 양념장을 분량대로 섞어 가지 위에 뿌려낸다.

약선 두부전

夏

작성자 **박분선**

오장의 기능이 왕성해지고 기운을 돋게 하며 노화를 막아준다.
병후, 산후, 몸이 허약한 사람에게 응용한다.

재 료

두부(부침용) 1모, 새우젓국물 1T, 참기름 1/2t

*** 소: 청고추 2개, 홍고추 1개, 새우젓 1T, 수삼 1뿌리(20g), 대추 3개, 밤 3개, 마늘 3개, 통깨 1t**

*** 부침용: 계란 2개, 밀가루 3T, 식용유 3T**

만드는 법

〈두부 손질하기〉

1 두부는 3×6×1cm 크기로 썬 후 물기를 빼고 새우젓국물과 참기름을 뿌려 밑간한다.

2 청고추와 홍고추는 씨를 털어낸 후 거칠게 다지고 새우젓은 국물을 꼭 짜내고 곱게 다진다. 수삼, 대추, 밤, 마늘도 다지고 통깨와 함께 모든 소재료를 섞는다.

3 밑간한 두부에 밀가루와 계란물을 입혀서 식용유 두른 팬에 지져낸다.

4 한 김 나간 두부의 가운데로 3cm 정도의 길이와 바닥이 뚫어지지 않을 정도의 깊이로 칼집을 낸다.

5 섞어둔 소를 두부의 칼집 사이로 조금씩 넣어 완성한다(젓가락을 이용하는 것이 편리하다).

오미자 표고 탕수

夏

작성자 **이경희**

수렴성이 강하고 자음효과가 커서 해수, 천식에 유효하고 땀이 많이 나는 것을 방지하고 진액의 생성 작용이 강하여 소갈증에 응용한다.

재 료

건표고 30g(10개), 단호박 150g, 양파 50g, 브로콜리50g, 홍피망 20g, 녹말 3T, 식용유 적당량(튀김용)

sauce

* 소스: 오미자 우려낸 물 1C(오미자 30g을 넣어 10시간 정도 우려 만든다), 설탕 1⅓T, 식초 2t, 소금 1t, 물녹말(녹말 2t, 물 2t를 더해 만든다.)

만드는 법

1 건표고는 따뜻한 물에 불려 기둥을 떼어내고 2~4등분한다.

2 단호박은 껍질과 씨앗을 없애고 사방 2cm 크기로 썬다.

3 양파, 브로콜리, 홍피망은 모두 사방 2cm 크기로 썬다.

4 오미자 우려낸 물에 물녹말을 제외한 모든 소스재료를 넣고 섞는다.

5 손질한 표고, 단호박에 녹말가루를 묻힌 다음 180℃의 식용유에 튀겨낸다.

6 달궈진 팬에 1t의 식용유를 두르고 양파, 브로콜리, 홍피망을 살짝 볶은 다음 4의 섞어놓은 소스재료를 넣어 1분간 끓인 후 물녹말을 넣고 빨리 저어 소스를 완성한다.

7 접시에 튀긴 표고와 단호박을 담고 6의 소스를 부어낸다.

해삼 어선

夏

작성자 **복혜자**

음기를 보하고 진액을 생성하여 갈증을 해소하는 데 응용한다.

재 료

해삼 2마리, 동태포 1/2마리분, 수삼(4년 근) 2뿌리, 대추 5개, 구기자 20g, 석이버섯 5장, 시금치 30g, 계란 3개, 치자물 1T, 겨자장 2T, 녹말 1t, 식용유 1t, 생강즙 1t, 소금 1/5t, 후춧가루 1/10t, 밀가루풀(혹은 찹쌀풀) 3T

만드는 법

1. 해삼은 싱싱한 것으로 준비하여 속을 가른 후 깨끗이 씻어 약간의 소금과 후춧가루, 생강즙을 뿌린 후 20분 정도 두어 간이 배면 수분을 없애고 내장이 있던 부분에 녹말가루를 얇게 뿌린다.

2. 동태포는 수분을 제거하고 곱게 다져 남은 소금, 후춧가루, 생강즙을 뿌려둔다.

3. 수삼은 깨끗이 씻어 잔뿌리를 다듬어낸다.

4. 대추는 씨를 도려낸 후 곱게 다지고 구기자도 마른 것이면 불려서 곱게 다져 치댄다.

5. 석이버섯은 불린 후 불순물을 떼어내고 곱게 채 썰어 뜨거운 물에 얼른 데쳐낸다.

6. 시금치는 끓는 물에 소금을 넣고 데친 후 찬물에 씻어 물기를 꼭 짜내고 곱게 다진다.

7 계란은 황백으로 나누어 김 크기로 지단을 부치되 노른자에는 치자물을 더해 더욱 노랗도록 한다.

8 시금치 다진 것과 동태 다진 것을 합하여 끈기가
나도록 여러 번 치대어 놓는다.

9 3의 손질한 수삼을 석이버섯 채 친 것으로 얇게 싼 후, 대추,
구기자 다진 것으로 최대한 얇게 싸고 녹말 뿌려둔 해삼으로 다시 한 번 더 싼다.

10 도마 위에 김발을 깔고 지단을 올려놓은 후 시금치, 동태 섞은 것을 얇게 펼치고 9의 해삼까지 말아둔 것을 올려 김밥 말듯이 말고 밀가루풀이나 찹쌀가루 풀을 이용하여 끝을 붙인다.

11 김이 오른 찜기에 10분간 찐 후 한 김 나가면 2cm 두께로 도톰하게 썰어 겨자장에 찍어 먹는디.

전복 숙지황 인삼조림

夏

작성자 **김은경**

원기를 보하고, 혈액을 보충하고 맥을 회복시키며
정신을 안정시키는 데 응용한다.

재 료

전복 10개, 수삼 5뿌리, 깻잎 10장, 석이버섯 1장, 계란 1개, 대추 5개, 은행 10개, 설탕 1t, 꿀 3T, 물엿 1T, 식용유 1t, 참기름 1t, 소금 1/10t

*** 조림장: 숙지황 20g, 간장 4T, 정종 3T, 물엿 1/2C, 설탕 2T, 마늘즙 3T, 생강즙 1T, 통후추 5알, 물 1/2C**

만드는 법

1 전복은 깨끗이 씻어 살을 떼어낸 후 내장을 제거하고 안쪽에 어슷하게 칼집을 넣고 껍질은 솔로 문질러 깨끗이 씻은 다음 물기를 빼둔다.

2 냄비의 물이 끓으면 손질한 전복을 넣고 살짝 데쳐낸다(오래 데치면 질겨지므로 주의한다).

3 석이버섯은 곱게 채 쳐서 살짝 볶고 계란은 황백으로 지단을 부쳐 2~3cm의 길이로 얇게 채 썰어둔다.

4 대추는 씨를 도려내고 0.3cm 굵기로 채 썰어 식용유를 두른 팬에 설탕과 물엿, 소금, 참기름을 넣고 가볍게 볶아내고 은행도 파랗게 볶아낸다.

5 숙지황은 정종에 담가 10분간 우려내고 숙지황 우려낸 물과 남은 조림장 재료를 모두 합해 끓이다가 조림장이 끓어오르면 데쳐놓은 전복을 넣고 조림장을 고루 끼얹어가며 조린다.

6 조림장이 자글자글해지면 깨끗이 씻은 수삼을 넣고 윤기가 나도록 조리다가 마지막에 불을 세게 하여 꿀을 끼얹은 후 불을 끈다.

7 전복껍질에 깻잎을 한 장씩 깔고 8의 조린 수삼을 납작하게 어슷 썰어 얹고 전복 조린 것을 담은 후 3, 4의 석이버섯, 황백지단채, 대추, 은행을 올려 완성한다.

매실을 넣은 훈제 연어말이

夏

작성자 **남현숙**

간장의 기능을 보하고, 피로를 회복시켜 주며, 소화불량, 위장장애에 효과적이다.

재 료

훈제연어 Slice 880g, 매실장아찌 80g, 무순 100g, 배 100g, 홍피망 100g, 적채 100g, 오이 100g, 양상추 100g

sauce

*** 소스: Horseradish Sauce 또는 초고추장, 참깨와인소스(프랑스식)**

만드는 법

1 훈제된 연어를 0.5cm 정도의 두께로 길게 썬다.

2 무순을 씻어 물기를 뺀다.

3 배, 홍피망, 적채, 오이, 매실장아찌는 0.5×0.5×6cm 크기로 채 썬다.

4 양상추는 사방 6cm 정도의 크기로 뜯어놓는다.

5 준비한 모든 채소(배, 매실장아찌 제외)를 20분 정도 얼음물에 담근 후 건져놓는다.

6 1의 훈제연어를 길게 펴서 무순, 배, 홍피망, 적채, 오이와 매실장아찌를 넣고 둥글게 만다.

7 완성된 것을 접시에 담고 기호에 맞는 소스를 뿌려낸다.

sauce

〈Horseradish Sauce〉

생크림 or 플레인 요구르트 1/2C, 서양고추냉이 1T, 다진 양파 1T, 레몬즙 3T, 케이퍼 1T

sauce

〈참깨와인소스〉

참깨 2T, 화이트와인 3T, 땅콩버터 1½T, 양파즙 1/2T, 레몬즙 1T, 소금 1/10t

– 참깨를 먼저 분마기에 곱게 간 후 나머지 재료와 잘 섞는다.

tip

* 시간이 지나면 훈제연어에서 물이 빠지므로 면 수건으로 눌러주거나 양상추를 깔고 그 위에 매실을 넣은 훈제 연어말이를 올려준다.

tip

* 야채류는 채 썰어 냉수에 한 번 헹군 후 냉장 보관하여두고 사용하는 것이 편리하며 즉시 사용할 경우 얼음물에 담갔다가 건져내면 싱싱하고 사각거리는 맛을 즐길 수 있다.

산수유 나박김치

夏

작성자 **최영미**

간과 신장 기능 허약으로 오는 증상을 개선시키며 기혈이 부족하여 오는 증상을 회복시키는 데 응용한다.

재 료

무 200g, 배추속잎 100g, 산수유 20g, 배 70g, 미나리 10g, 밤 2개, 홍고추 1/2개, 마늘 3개, 생강 10g, 왕소금 1T, 꽃소금 1T, 물 3½C

만드는 법

1. 무는 깨끗이 씻은 후 2×2×0.3cm 크기로 납작하게 썰어 왕소금에 절인다.
2. 배추속잎은 깨끗이 씻은 후 무와 같은 크기로 썰어 왕소금에 절인다.
3. 분량의 물에 산수유를 넣고 30분간 끓인 후 건지는 건져내고 물만 받아 식힌다.
4. 배는 껍질을 벗기고 강판에 간 후 면 보에 걸러 즙을 낸다.
5. 미나리는 잎을 다듬어내고 3cm 길이로 썬다.
6. 밤은 0.3cm 두께로 편 썰고 홍고추는 반으로 갈라 씨를 빼고 3cm 길이로 곱게 채 썬다.
7. 마늘과 생강은 갈아서 즙을 낸다.

8 절인 무, 배추와 미나리, 밤, 홍고추를 섞어 김치통에 담는다.

9 산수유 끓인 물에 꽃소금, 배즙, 마늘즙, 생강즙을 넣고 섞은 뒤 8에 붓는다.

10 하루 정도 실온에서 익힌 후 먹는다.

은행 장아찌

夏

작성자 **임점희**

폐의 기능을 도와 천식에 응용하고 염증, 기침, 가래 증상, 옴, 종기, 습진에 응용한다.

재 료

은행 1C(150g), 물 1C, 소금 1T

* 달임장: 물 1/4C,

다시마 10*10cm, 간장, 설탕, 물엿

각 1/4C씩, 건고추 1개

* 준비물: 꼬치 30개

만드는 법

1 은행의 꼭지 부분에 이쑤시개를 이용하여 한 번 꽂았다기 빼어 작은 구멍을 만든다.

2 분량의 물에 소금을 넣고 끓으면 은행을 넣어 5분 정도 투명해지도록 삶은 다음 냄비에 담겨진 상태에서 속껍질을 벗긴다(은행이 마르면 껍질 벗기기가 어렵다).

3 다른 냄비에 달임장 재료 중 물과 다시마를 넣고 끓으면 다시마는 건져내고 나머지 달임장 재료들과 함께 중불에서 끓여 시럽처럼 걸쭉해지면 불에서 내려 식힌다.

4 달임장이 식을 동안 꼬치에 은행을 3알씩 꿴다.

5 네모난 유리그릇에 은행꼬치를 가지런히 담아 그릇의 넓이에 맞게 자른 면 보를 덮고 은행이 잠길 만큼의 달임장을 부어 실온에 보관한다(실온에 보관하여야 은행의 쫀득한 맛을 즐길 수 있다).

6 반나절 지나면 먹을 수 있고 3~4일 지나면 은행이 딱딱해지는데 씹을수록 고소한 맛이 난다.

묘삼(종삼) 장아찌

夏

작성자 **임점희**

생리 불순, 생리통, 수족냉증 등의 증상에 응용한다.

재 료

묘삼(종삼) 100g

*** 절임물: 물 1C, 소금 1T, 설탕 1T**

*** 달임장: 삼 절인 물 1/4C, 간장 1/4C, 물엿 1T, 정종 1/2t**

*** 준비물: 빨간 명주실**

만드는 법

1 묘삼(종삼)은 흐르는 물에 뿌리까지 솔로 살살 비벼 깨끗이 씻는다. 싹이 난 부분은 잘라내고 몸통에 +모양으로 깊숙이 칼집을 넣는다.

2 손질한 묘삼에 잘 녹인 절임물을 부어 1시간 정도 절인다. 삼이 휘어질 정도로 절여지면 건져내어 반나절 정도 햇볕에 말린다. 삼을 절여낸 물은 달임장 재료로 사용한다.

3 꾸덕하게 마른 삼을 5~7뿌리씩 모아 명주실로 2~3번 감아준다(먹을 때 번거로우므로 매듭을 짓지 않으며 매듭을 짓지 않아도 달임장을 부으면 풀어지지 않는다).

4 달임장 재료를 합해 끓여 식힌다.

5 절여서 말린 묘삼을 장아찌 담을 통에 담고 무거운 것으로 누른 후 4의 달임장을 붓는다.

6 3~5일이 지나 간이 배면 먹는다.

전통 한의학에서는 질병의 예방, 치료에 사용하는 천연재료를 약으로 정의하고 있기에 대부분의 음식들은 약으로 사용될 수 있습니다. 예로부터 우리 조상들은 '약식동원(藥食同源)'이라고 하여 약과 식품을 하나로 보아왔습니다. 음식과 약물이 구분되는 것이 아니라 '음식이 곧 약물이요 약물이 곧 음식'이라는 개념으로 질병을 예방, 치료하며 노화를 방지할 목적으로 약재와 약용가치가 높은 식품을 잘 배합하여 조리한 음식을 '약선(藥膳)'이라 합니다.

수삼 굴라쉬

夏

작성자 **임점희**

원기를 크게 보양하고 진액생성, 정신안정과 빈혈,
육체적 피로에 응용한다.

재 료

쇠고기 300g, 돼지고기 300g,
양파 500g, 수삼(4년 근) 1뿌리,
올리브유 3T, 소금 1t,
후춧가루 1/10t

* 양념 재료: 파프리카가루 1T, 토마토 페이스트 1T, 다진 마늘 1t, 밀가루 1t

* 국물 재료: 물 4C, 월계수잎 2장,
통후추 10개, 매운 건고추 2개

만드는 법

1 쇠고기와 돼지고기는 사방 3cm의 크기로 썰고 양파는 0.3cm 굵기로 채 썬다. 수삼은 깨끗이 씻은 후 잔뿌리를 다듬어 내고 0.5cm 두께로 어슷 썬다.

2 바닥이 두꺼운 냄비에 올리브유를 두르고 양파를 볶다가 갈색이 나면 고기를 넣고 볶는다.

3 고기의 표면이 볶아지면 양념재료들을 모두 넣고 볶는다.

4 고기가 거의 익으면 국물재료와 수삼을 넣어 은근한 불에 1시간 정도 끓인다.

5 소금, 후춧가루로 간하여 상차림한다.

약선 영양 닭찜

夏

작성자 **우종성**

기를 보호하고 비장의 기능을 높여 소화력을 강화하는 데 응용한다.

재 료

닭 1.5㎏(1마리), 산약(마) 200g, 밤 10개, 대추 6개, 은행 10개, 계란 1개, 계피 5g, 물 2½C, 식용유 1/2t

*** 양념: 간장 6T, 물엿 3T, 다진 마늘 1T, 생강즙 1t, 캐러멜 소스 2T, 후춧가루 1/10t**

만드는 법

1 냄비에 물과 깨끗이 씻은 계피를 넣어 30분간 끓인 후 체에 거른다.

2 닭은 깨끗이 씻은 후 사방 5cm 정도의 크기로 토막 내어 끓는 물에 데친 다음 찬물에 헹궈둔다.

3 밤은 속껍질까지 벗긴 후 찬물에 헹구고 대추는 깨끗이 씻은 후 물기를 없앤다.

4 산약은 껍질을 벗긴 후 밤의 크기에 맞게 잘라 모서리를 둥글게 다듬는다.

5 은행은 소량의 식용유를 두른 팬에 굴려 껍질을 벗겨놓는다.

6 계란은 황백지단을 부쳐 마름모꼴로 썰어둔다.

7 다른 냄비를 준비하여 계피 달인 물과 양념재료들을 모두 넣고 2~3분간 끓인 후 1/3을 덜어둔다.

8 7의 남아 있는 양념에 손질한 닭고기를 넣고 버무린 후 산약과 밤을 넣고 끓인 후 상차림한다.

9 닭고기가 익으면 대추와 은행, 덜어둔 1/3의 양념을 마저 넣고 약한 불에서 뚜껑을 열고 살짝 조린다.

10 준비해 둔 그릇에 보기 좋게 담고 지단을 올려낸다.

인삼 소고기 편채

夏

작성자 김남희

원기를 보하고 정신을 안정시키며 진액을 보충하는 데 응용한다.

재 료

쇠고기(등심) 600g, 수삼 50g, 당귀잎 30g, 적채 50g, 무순 50g, 적양파 200g, 양파 150g, 순무(래디시) 50g, 통후추 40g, 식용유 2T

* 양념: 곱게 간 인삼 2T, 무즙 3T, 간장 7T, 와사비 2T, 고운 고춧가루 3T, 설탕 2t, 식초 3T

만드는 법

1 쇠고기(등심)는 덩어리로 구입하여 행주로 싼 후 냉장고에 하룻밤 두어 핏물을 없앤다.

2 1에 통후추를 거칠게 빻아 고루 바르고 뜨겁게 달군 팬에 식용유를 두른 후 고루 익혀 한 김 내보내고 랩으로 싸 둥글게 모양을 잡아 얼린다.

3 수삼과 모든 채소는 0.3cm 폭으로 곱게 채 썬 후 20분 정도 얼음물에 담갔다 건져 물기를 뺀다.

4 2의 얼린 등심을 0.3cm 두께로 얇게 썰어 접시에 돌려 담고 준비한 채소들을 가운데 얹는다.

5 분량의 양념재료를 합하여 양념접시에 담아 4에 곁들어낸다.

tip

* 얼린 등심 썬 것에 채소들을 얹고 양념을 약간 뿌려 먹도록 한다.

약선 닭고기 냉채

夏

작성자 **이정희**

기운을 더하며, 근골을 튼튼하게 하고 하지무력증에 응용한다.

재 료

닭 안심 300g, 오가피 20g, 당귀 10g, 마늘 6개, 대파 1대, 배 1개, 오이 1개, 순무 3개, 소금 1/3t

sauce

*** 드레싱: 우유 1C, 레몬즙 3T, 식초 3T, 설탕 5T, 소금 1t, 간장 1t, 연겨자 2T, 잣가루 1C, 다진 마늘 2T**

만드는 법

1 냄비에 닭 안심이 푹 잠길 정도의 넉넉한 물을 붓고 오가피와 당귀를 넣어 1시간 정도 끓인 후 건지를 건져낸다.

2 오가피, 당귀 끓인 물에 마늘, 대파, 소금, 닭 안심을 넣고 20~30분 정도 삶아 0.5cm 굵기로 찢어놓는다.

3 배, 오이는 0.3cm 굵기로 채 썰고, 순무는 0.2cm 두께로 납작하고 동그랗게 썬다.

4 분량의 드레싱 재료들을 모두 섞어 드레싱을 만든다.

5 넓은 접시에 2, 3의 재료를 가지런히 담고 준비된 드레싱을 함께 낸다.

돼지등심 곽향소스 조림

夏

작성자 **홍영란**

여름철 소화불량, 구토, 설사에 좋으며 더위를 잊게 한다.

재 료

돼지고기(등심) 600g, 곽향 15g, 구기자 50g, 브로콜리 100g, 다진 파 1t, 다진 마늘 1t, 물 5T, 올리고당 2t, 물엿 2t, 참기름 1t, 소금 1/3t, 올리브유 1T, 식초 1t, 후춧가루 1/10t

* 고기 양념: 간장 3T, 올리고당 1T, 다진 마늘 1½t, 다진 생강 1t, 유자청 2T, 후춧가루 1/5t, 참기름 1/2t

sauce

* 곽향소스: 곽향 끓인 물, 올리고당 3T, 물엿 2T, 생강즙 1T

만드는 법

1 물 5C에 분량의 곽향을 넣고 약 불에서 10분간 끓인 후 면보에 거른다.

2 1의 곽향 끓인 물에 남은 곽향소스재료들을 넣고 ⅓ 정도의 양이 되도록 졸여 소스를 만든다.

3 돼지고기는 덩어리째 준비하여 잔칼집을 내고 고기양념으로 1시간 재운 후 200℃로 예열된 오븐에 1시간 정도 익혀낸다.

4 구기자를 씻어 물기를 빼고 소금 1/5t, 다진 파, 다진 마늘, 물을 넣고 살짝 볶은 후 올리고당, 물엿을 넣고 조려 윤이 나면 참기름을 넣고 불을 끈다.

5 브로콜리를 먹기 좋은 크기로 잘라 소금물에 살짝 데쳐낸 후 남은 소금, 올리브유, 식초, 후춧가루를 넣고 살짝 무쳐둔다.

6 오븐에 구워낸 등심을 1cm 두께로 도톰하게 썰어 접시에 담고 구기자조림과 브로콜리를 곁들여 담은 후 곽향소스를 끼얹어 낸다.

닭살 잣즙 냉채

夏

작성자 **민광숙**

비위기능을 보하고 기운을 보충해주며,
폐를 윤택하게 하는 데 응용한다.

재 료

닭 가슴살 200g, 배 1/2개, 오이 1개, 곶감 1개, 파프리카 1/3개, 순무 1개, 계란 1개, 대파 1/2대, 청주 3T, 소금 1/2t, 흰 후춧가루 1/10t, 물 3C

sauce

* 냉채소스: 배즙 1/2C, 오미자물 2T(오미자 3g을 3T의 물에 10시간 정도 우려 만든다), 잣가루 4T, 연겨자 1/2T, 설탕 3T, 참기름1T, 식초 2T, 소금 1t, 흰 후춧가루 1/10t

만드는 법

1 냄비에 3C의 물을 붓고 닭 가슴살과 대파, 청주, 소금, 흰 후춧가루를 넣고 20분 정도 끓여 닭 가슴살이 익으면 건져내어 0.5cm 굵기로 결대로 찢는다.

2 배는 0.3×5cm 크기로 채 썰고 오이는 배와 같은 크기로 채 썬다.

3 곶감과 파프리카도 같은 크기로 채 썬다.

4 순무는 0.2cm 굵기로 채 썬 후 얼음물에 20분간 담갔다가 물기를 없앤다.

5 계란은 황백으로 나누어 지단을 부치고 5cm 길이로 채 썬다.

6 냉채소스를 합해 고루 섞은 후 냉장고에 넣어 차게 식힌다.

7 접시에 닭고기와 준비한 채소 등을 섞어 담고 냉채소스를 뿌려낸다.

약선 닭 안심 수삼말이

夏

작성자 **이진숙**

기혈을 보호하고, 노화를 방지하며 피로감을 풀어준다.

재 료

닭 안심 300g, 수삼 3뿌리, 청주 1T, 소금 1/3t, 후춧가루 1/10t, 식용유 1T, 이쑤시개 10개

산사 20g, 산약(마) 200g, 청, 홍피망 각 1/2개, 구기자 3T, 간장 4T, 청주 2T, 꿀 2T, 설탕 1T, 다진 마늘 1T

*** 산사 20g에 물 2C으로 끓인다.**

만드는 법

1 닭 안심은 칼로 저며 넓게 펴고 청주, 소금, 후춧가루로 간하여 30분간 잰 후 물기를 거둔다.

2 수삼은 깨끗이 씻은 후 잔뿌리를 다듬어내고 물기를 뺀다.

3 산약은 껍질을 벗기고 사방 3cm 크기로 썬다.

4 청, 홍피망은 산약의 크기에 맞춰 썰고 구기자는 깨끗이 씻어 건져둔다.

5 양념한 닭 안심에 수삼을 넣고 말아 움직이지 않도록 이쑤시개로 고정한 다음 식용유를 두른 팬에 10분 정도 지져낸다.

6 산사 끓인 물에 구기자, 간장, 청주, 꿀, 설탕, 다진 마늘을 넣고 구기자의 색이 우러날 때까지 조린다. 마지막에 썰어둔 산약과 청, 홍피망을 넣고 살짝 볶아 익힌다.

7 5의 닭 안심 지져낸 것을 1.5cm 정도의 두께로 썰어 접시에 담고 6의 구기자, 산약, 피망볶음을 곁들여낸다.

삼기돈족조림

夏

작성자 **최영미**

비위기능을 돕고, 원기와 활력을 상승시키는 데 응용한다.

재 료

돈족 1개, 수삼 20g, 당귀 20g, 황기 20g, 감초 10g, 구기자 10g, 계피 80g, 복령 10g, 대파 1대, 생강 60g, 요리술 1/2C, 간장 1C, 흑설탕 3T, 소금 2T

sauce

*** 와사비소스: 와사비분 1½T, 간장 8T, 설탕 1T, 물 2t**

만드는 법

1 냄비에 돈족이 넉넉히 잠길 정도의 물을 붓고 수삼, 당귀, 황기, 감초, 구기자, 계피, 복령, 대파, 생강을 넣고 40분 정도 끓여 약재의 성분이 우러나오도록 한다.

2 1에 요리술, 간장, 흑설탕, 소금을 넣고 끓으면 깨끗이 씻은 돈족을 넣고 다시 끓으면 중불로 하여 1시간 30분 정도 삶는다.

3 꼬치로 찔러보아 핏물이 나오지 않으면 채반에 건져 식힌 후 뼈를 발라내고 1cm 정도의 두께로 썬다.

4 와사비분을 물에 개어 10분 정도 둔 후 간장, 설탕을 넣고 섞는다.

5 썰어놓은 돈족에 와사비소스를 곁들여낸다.

치킨 인삼 데리야끼 스테이크

夏

작성자 **이경선**

비위기능을 보하고 폐의 기능을 왕성하게 하며
노화 방지, 진액 생성, 정신 안정 등 피로감을 푸는 데 응용한다.

재 료

닭고기(닭 다리살 혹은 닭 가슴살) 600g, 밀가루 2T, 식용유 3T, 소금 1/5t, 후춧가루 1/10t

sauce

* 마리네이드소스: 인삼물 3T, 정종 1T, 소금 1½t, 다진 마늘 1t, 후춧가루 1/10t

sauce

* 인삼 데리야끼소스: 인삼물 1/2C, 간장 2T, 정종 2T, 설탕 5T, 물엿 1/2t, 다진 파 1T, 생강즙 1/5t

* 인삼물: 인삼 70g에 물 3C을 붓고 1시간 동안 달여 1C 정도로 조린다.

* 가니쉬: 청경채 350g, 양파 350g, 애호박 350g, 표고버섯 100g, 꽈리고추 100g, 홍피망 70g

만드는 법

1 닭고기는 스테이크용으로 포를 떠서 마리네이드소스에 20~30분간 잰다.
마리네이드 하는 동안 인삼 데리야끼소스재료를 모두 합한 후 약한 불로 20분 정도 끓여 인삼 데리야끼소스를 완성한다.

2 가니쉬용 모든 채소는 깨끗이 손질하여 청경채는 3cm 길이로 썰고 양파는 청경채에 맞춰 삼각형으로 썬다.
애호박은 3×3×3cm 크기의 삼각형 모양으로 썰고 표고버섯은 기둥을 떼어내고 4등분한다. 꽈리고추는 꼭지를 다듬어내고 홍피망은 표고버섯의 크기에 맞춰 썬다.

3 마리네이드한 닭고기에 밀가루를 고루 묻혀 식용유 두른 팬에 넣고 앞뒤가 노릇하도록 굽는다.

4 구워낸 닭고기에 인삼 데리야끼소스를 넣고 조리듯이 구워 간이 배도록 한다.

5 다른 팬을 준비하여 약간의 식용유를 두르고 손질한 가니쉬용 모든 채소를 넣고 소금, 후춧가루로 간하여 볶는다.

6 메인 접시 위에 볶은 채소를 담고 닭고기를 보기 좋게 올린다.

7 인삼 데리야끼소스를 닭고기 위에 뿌려낸다.

생맥산 인삼 쇠고기 튀김

夏

작성자 **전혜원**

여름철 원기를 보호하고 폐 기능 강화 수렴 작용이 있으며, 진액을 생성하여 갈증을 멈추고, 소화기능을 좋게 하는 데 응용한다.

재 료

쇠고기 안심 150g, 수삼 4뿌리, 맥문동 30g, 오미자 15g, 녹말 1/2C, 식용유 적당량(튀김용)

sauce

*** 소스: 오미자 우린 물 1C, 설탕 3T, 식초 1T, 소금 1/5t, 물녹말 7T(녹말 1:물 1)**

*** 쇠고기 밑간 양념: 청주 1T, 소금 1/3t, 마늘즙 1/3t, 후춧가루 1/10t**

만드는 법

1 쇠고기는 6×8×0.3cm 크기로 잘라 칼등으로 두들겨 편 후 쇠고기 밑간 양념으로 밑간한다.

2 수삼은 깨끗이 씻어서 위, 아래 부분을 조금 자른 후 소쿠리에 건져둔다.

3 맥문동은 씻은 후 1/4C의 물에 20분 정도 담갔다 그대로 15분간 끓여 건지를 건져둔다.

4 오미자는 찬물에 재빨리 씻어 2C의 물을 붓고 8~10시간 우린 후 면 보에 거른다.

5 밑간한 쇠고기를 펼친 후 수삼을 얹고 돌돌 말아 녹말을 고루 묻혀둔다(이쑤시개로 고정하는 것이 좋다).

6 녹말이 촉촉해지면 170℃의 식용유에서 쇠고기가 익을 때까지만 튀겨낸다(한 김 나간 후 이쑤시개를 뽑아낸다).

7 오미자 우린 물에 맥문동 건지를 넣고 5분간 끓인 후 설탕, 식초, 소금으로 간하여 새콤달콤한 맛을 내고 물녹말로 농도를 조절하여 소스를 만든다(맥문동은 건져내지 않고 함께 먹는다).

8 6의 인삼 쇠고기 튀김을 먹기 좋은 크기로 4~5등분하여 소스를 끼얹거나 곁들여낸다.

닭 가슴살 크레페와 오미자차

夏

작성자 **김유진**

원기를 보충하고 정신을 안정시키며 기혈을 보충하여 양기를 튼튼하게 하는 데 응용한다.

재 료

닭 가슴살 300g, 인삼 80g(4뿌리 분량), 양상추 5장, 오이 1개, 당근 1개, 양파 1개, 적채 3장, 깻잎 8장, 가시오가피 5g, 생강 10g, 통후추 5알, 소금 1/5t, 올리브유 2T

*** 크레페 반죽: 산약(마) 100g, 부침가루 1/4C, 핫케이크가루 1/2C, 우유 1C, 소금 1/5t**

sauce

*** 소스: 허니머스터드소스 & 돈까스소스**

*** 오미자차: 오미자 50g, 물 3C, 꿀 3T**

만드는 법

1 크레페 반죽 재료 중 산약(마)은 껍질을 벗겨낸 후 강판에 갈고 부침가루와 핫케이크가루는 합해 체에 내려둔다.

2 1과 남은 크레페 반죽 재료를 모두 합한 후 다시 한 번 체에 내리고 1시간 이상 숙성시켜 크레페 반죽을 만든다.

3 닭 가슴살은 깨끗이 씻은 후 분량의 소금으로 밑간하여 10분 정도 둔다.

4 닭 가슴살이 잠길 정도의 물에 가시오가피, 생강, 통후추, 양파 1/2개와 밑간한 닭 가슴살을 넣고 20분간 삶은 후 건져내어 식힌다.

5 삶아낸 닭 가슴살은 0.5cm 정도로 가늘게 찢고 인삼, 양상추, 오이, 당근, 남은 양파와 적채, 깻잎은 닭 가슴살과 같은 굵기로 채 썰어 각각 얼음물에 담갔다 건져 물기를 뺀다.

6 올리브유를 두른 팬에 크레페 반죽을 떠 넣고 직경 15cm 정도의 크기로 얇게 굽는다.

7 6의 구워낸 크레페 위에 준비한 닭고기와 채소들을 고루 얹고 소스를 뿌린 후 둥글게 말아 오미자차와 함께 낸다.

tip

〈오미자차〉

분량의 오미자에 차가운 물을 붓고 8~10시간 지난 후 면 보에 거르고 꿀을 섞어 차게 마신다.

육보계탕

夏

작성자 **정영순**

기운을 보해주고, 원기를 되찾아준다.

재 료

엄나무 70g, 오가피 30g,
황기 30g, 인삼(4년 근) 2뿌리,
산수유 20g, 구기자 20g, 물 23C,
대나무꼬치 2개

닭 2마리(마리당 750g 크기),
찹쌀 1C, 밤 10개, 은행 20개,
마늘 10개, 대추 5개

만드는 법

1 닭은 배를 가르지 않고 깨끗이 손질한다.

2 모든 약재는 깨끗이 손질하여 씻은 후 엄나무, 오가피, 황기는 자루에 넣고 인삼, 산수유, 구기자는 그대로 분량의 물에 담가 3시간 정도 두었다가 30분간 끓인다.

3 찹쌀은 깨끗이 씻어 30분 이상 불리고 밤은 5개는 겉껍데기만 벗기고 나머지 5개는 속껍질까지 벗겨 반으로 가른다.

4 대추는 깨끗이 씻고 은행은 속껍질을 벗겨둔다.

5 닭의 배에 불린 찹쌀 양의 1/2과 마늘 3개씩을 각각 나누어 넣고 꼬치로 꿰맨다.

6 2의 한약재 끓인 물에 5의 닭과 남은 부재료들을 모두 넣고 30분 정도 끓여 닭이 푹 무르도록 한다(약재 자루는 건져낸다).

7 큰 접시에 6의 닭을 조심스럽게 건져 담고 남은 건지들을 돌려 담아낸다.

닭살 총면찜

夏

작성자 **김영빈**

양기를 보하고 기 순환을 돕는 데 응용한다.

재 료

닭 안심 200g, 수삼(4년 근) 1뿌리, 당근 1/2개, 청피망 1/2개, 불린 표고버섯 2개, 청주 1t, 소금 1/5t, 후춧가루 1/10t

sauce * 카레소스: 카레가루 3T, 닭 육수 1/2C, 마늘 1개, 양파 1/4개, 식용유 1T

만드는 법

1 닭 안심을 칼로 저며 넓게 편 다음 청주, 소금, 후춧가루로 밑간하여 20분 정도 둔다.

2 수삼, 당근, 피망, 불린 표고버섯은 0.3cm 굵기로 채 썬다.

3 마늘과 양파는 곱게 다진 후 식용유를 두른 팬에 볶아 향을 낸다.

4 닭 육수에 카레가루를 멍울 없이 풀어 3에 붓고 걸쭉하게 끓인다.

5 김발 위에 젖은 면 보를 깔고 밑간한 닭 안심을 펼친 후 2의 채 썬 재료들을 얹어 돌돌 만다.

6 김발과 면 보 채 김이 오른 찜통에 15~20분간 쪄낸다.

7 한 김 식힌 후 2cm 두께로 썰어 담고 카레소스를 데워 곁들여낸다.

산약 녹두지짐

夏

작성자 **김판순**

녹두는 열을 식히고 더위를 이기게 하며 이뇨, 해독 작용이 있다.
가슴이 답답하면서 열이 나는 증상과 갈증을 제거하는 데 응용한다.

재 료

녹두 150g, 쌀 10g, 닭 가슴살 100g, 수삼 1뿌리, 건표고 2개, 산약(마) 100g, 숙주 50g, 김치 100g, 대파 2대, 요리 술 1t, 소금 1/2t, 후춧가루 1/10t, 올리브유 3T

만드는 법

1 녹두는 거피한 것으로 준비하여 5시간 이상 충분히 불린 후 껍질이 없도록 깨끗이 씻어내고 쌀은 깨끗이 씻어 5시간 이상 불린다.

2 닭 가슴살은 0.5cm 굵기로 채 썰어 요리 술, 소금 1/5t, 후춧가루로 간하여 둔다.

3 건표고는 불린 후 곱게 채 치고 마는 껍질을 벗겨내고 강판에 갈아둔다.

4 숙주는 깨끗이 씻어 물기를 없앤다.

5 김치는 0.3cm 굵기로 잘게 채 썰고 대파는 거칠게 다진다.

6 깨끗이 씻은 수삼과 불린 녹두, 불린 쌀을 블렌더에 간 다음 2, 3, 4, 5의 재료와 남은 소금을 모두 넣고 고루 버무려 올리브유를 두른 팬에 지져낸다.

생맥산 야채 샐러드

夏

작성자 **전미경**

땀을 많이 흘리는 여름철, 갈증을 덜어주고
기력을 회복하는 데 응용한다.

재 료

파프리카(빨간색, 노란색) 150g, 방울토마토 100g, 브로콜리 80g, 양송이 80g, 당근 50g, 샐러리 40g, 올리브유 1T, 소금 1/5t

sauce

*** 생맥산소스**

① 수삼 90g, 오미자 40g, 맥문동 40g

② 통조림 파인애플 50g, 양파 20g, 유자청 3T, 마늘 1개, 소금 1/5t

만드는 법

1 오미자는 흐르는 물에 씻어 먼지를 없앤 다음 4C의 냉수에 10시간 정도 담가둔다. 오미자물이 우러나면 면 보에 걸러 건더기는 버리고 물만 받아둔다.

2 오미자 물에 분량의 수삼, 맥문동과 냉수 5C을 부어 15분 정도 센 불에 끓인 후 약 불로 낮춰 30분간 달인다. 달인 물을 걸러 냉장고에 넣어 차게 식힌다.

3 차게 식힌 수삼, 오미자, 맥문동 달인 물 중 1C을 덜어내어 생맥산 소스 ②재료들과 함께 블렌더에 갈아 생맥산 소스를 완성한다.

4 양송이는 1cm 두께로 썰고 당근은 길이로 반 갈라 0.5cm 두께로 반달썰기 한다.

5 팬에 올리브유를 두르고 채 썬 당근에 소금을 넣고 볶다가 양송이를 넣고 살짝 볶아 넓은 접시에 펼쳐 식힌다.

6 브로콜리는 끓는 물에 살짝 데친 후 찬물에 헹궈 물기를 빼고 2~3cm 크기로 적당히 썰어둔다.

7 파프리카는 깨끗하게 씻어 꼭지를 떼고 사방 3cm 크기로 썰고 샐러리는 깨끗하게 씻은 후 껍질을 벗겨내고 0.3cm 두께로 어슷하게 썬다. 방울토마토는 꼭지를 떼고 2~4등분한다.

8 준비한 채소들을 접시에 담고 생맥산 소스를 듬뿍 뿌려낸다.

청열(淸熱)메밀 오색 전병

夏

작성자 **박순균**

열을 내려주면서, 장·위를 깨끗이 하여, 속을 편하게 한다.
또한 음식의 소화를 돕고, 소갈을 해소하는 데 응용한다.

재 료

메밀가루 350g, 물 3C, 치자 10g, 비트 30g, 흑임자가루 1T, 가루녹차 1t, 소금 1T, 식용유 5T

*** 소재료(1): 무 200g+양파 60g+쇠고기 100g, 소금 1/4t, 식용유 1/2t**

*** 소재료(2): 신 김치 200g+두부 200g**

*** 쇠고기 양념: 다진 파 1t, 다진 마늘1t, 간장 1T, 설탕 1T, 참기름 2t, 소금 1/3t**

*** 김치 양념: 다진 파 1/2T, 다진 마늘 1/2t, 참기름 1T, 설탕 1T, 깨소금 2t, 고춧가루 1T, 후춧가루 1/5t**

만드는 법

〈5색 메밀반죽 준비하기〉

1 준비한 메밀가루에 분량의 물과 소금을 넣고 반죽을 한 뒤 5개의 그릇에 나누어 담는다. 이때 치자와 비트를 넣을 두 개의 메밀반죽은 좀 더 되게 반죽을 해둔다.

2 3T의 물에 치자를 담가 10분 이상 우린 후 2T를 받아 1의 메밀반죽 중 1개와 섞어놓는다.

3 물 1/2C에 비트 30g을 넣고 곱게 갈아 면 보에 거른 후 2T의 비트 즙만 1의 다른 메밀반죽 중 1개와 섞어놓는다.

4 준비한 가루녹차와 흑임자 가루를 남은 메밀반죽 중 2개의 그릇에 각각 넣고 잘 섞어 4가지 색의 반죽과 아무것도 섞지 않은 메밀반죽 하나까지 5가지 색의 메밀반죽을 준비한다.

〈소 준비하기〉

1 무는 0.2X5cm 크기로 곱게 채 썰고, 양파는 같은 굵기로 채 썰어둔다.

2 채 썬 무를 식용유에 볶다가 투명해지기 시작하면 양파를 넣어 함께 볶는다. 이때 소금 1/4t로 밑간한다.

3 쇠고기는 갈아서 쇠고기 양념을 넣고 고루 주무른 후 팬에 볶아 2의 무와 양파 볶은 것에 합해 섞는다.

4 신 김치는 물에 헹군 후 곱게 다져 꼭 짜고 수분을 빼서 으깬 두부와 김치 양념을 넣고 고루 주물러 소를 만든다.

〈완성하기〉

1 뜨거운 팬에 준비한 메밀반죽 중 하나를 국자로 떠서 지름 15cm 크기의 원형으로 전병을 부친다. 익기를 기다려 한 번 뒤집은 다음 두 가지의 소재료 중 한 가지를 넣어 김밥 말듯이 만다(전병을 부칠 때는 가장 약한 불로 하고 전병을 말 때는 불을 끄는 것이 수월하다).

2 다시 약한 불로 하여 1의 말아진 전병을 살짝 눌러 마지막으로 한 번 더 익힌다. 이때 소를 너무 많이 넣어 터지지 않도록 주의한다.

3 같은 방법으로 5가지 색의 메밀전에 2가지 소재료를 나누어 넣고 전병을 만든 후 3~4cm의 크기로 썰어 색깔별로 예쁘게 담아낸다.

연근 튀김

夏

작성자 **최은주**

비장을 보하고 열을 내려주며 어혈을 풀어주고 진액을 생성시켜 갈증과 번갈을 멎게 하는 데 응용한다.

재 료

연근 200g, 새우살 200g,
양파 100g, 부추 50g, 마늘 10개,
구기자 1T, 대추 5개, 계란 1개,
녹말 4T, 찹쌀가루 4T,
식촛물(물 2C, 식초 2T),
식용유 3C

* 새우살 양념: 깨소금 1t, 참기름 1t, 생강술 1t, 소금 1/10t, 후춧가루 1/10t

* 초간장 : 간장 4T, 설탕 1T, 식초 1T, 물 4T, 다진 부추 1T

만드는 법

1 연근은 껍질을 벗겨내고 0.5cm 두께로 둥글게 썬 후 식초물에 30분간 담가 아린 맛을 뺀 후 건져 연한 소금물에 살짝 데쳐 찬물에 헹궈 물기를 뺀다.

2 새우살은 내장을 없애고 깨끗이 씻은 후 물기를 닦아내고 곱게 다져 새우살 양념을 한다.

3 양파와 부추는 곱게 다진 후 약간의 식용유를 두른 팬에 각각 볶아낸다.

4 계란은 흰자와 노른자를 분리하여 계란 노른자에 3을 넣어 함께 치대준다.

5 대추는 깨끗이 씻은 후 씨를 도려내고 구기자와 같은 크기로 썬다.

6 연근의 잘린 한 면에 녹말가루를 얇게 바르고 4의 양념한 새우살을 얹어 얇게 편 다음 다른 연근의 한쪽 면에 녹말가루를 묻혀 마주 덮는다.

7 8의 연근 표면에 녹말가루를 입히고 계란 흰자를 바른 후 구기자와 대추를 붙여 눈과 입 모양을 만든다.

8 9에 찹쌀가루를 입힌 후 180℃의 식용유에 2번 튀겨낸다.

9 마늘은 껍질을 벗긴 후 내열용기에 넣어 전자레인지에서 30초 정도 익힌다.

10 연근튀김의 기름이 빠지면 집어 먹기 편하도록 마늘과 함께 꼬치에 끼워 접시에 담는다.

11 모든 초간장 재료를 섞어 연근튀김에 곁들어낸다.

6 시루에 젖은 베보자기를 깔고 준비한 떡가루를 안쳐 시루 위로 김이 오른 후 25분간 찐다.

7 떡이 쪄지면 네모난 틀에 식용유 바른 비닐을 깔고 떡을 채워 넣어 굳힌다(이때 말아놓은 대추를 길이로 박아준다).

8 떡이 굳으면 쏟아내어 1.5cm 정도의 두께로 썬다.

구기자 영양찰편

夏

작성자 **김옥선**

간을 자양시켜 눈을 밝게 하고 근골을 튼튼하게 하는 데 응용한다.

재 료

떡가루: 찹쌀가루 700g, 쌀가루 100g, 구기자엑기스 6T, 설탕 8T, 소금 2t

* 부재료: 서리태 1/2C, 호박고지 30g, 생땅콩 1/2C, 밤 5개, 대추 10개, 구기자 2T, 황설탕 2T

만드는 법

1 찹쌀가루와 (멥)쌀가루를 섞은 후 구기지엑기스, 실탕, 소금을 넣고 고루 비벼 체에 내린다.

2 서리태는 3시간 정도 불리고 호박고지는 미지근한 물에 재빨리 씻은 후 황설탕을 뿌려둔다.

3 생땅콩은 끓는 물에 5분간 삶고 구기자는 물에 씻어 건져둔다.

4 밤은 껍데기를 벗겨 6~8등분하고 대추는 씨를 도려내고 돌돌 말아놓는다.

5 준비한 떡가루에 대추를 제외한 모든 부재료(서리태, 호박고지, 생땅콩, 구기자, 밤)를 넣고 고루 섞는다.

백복령 녹두 부편

夏

작성자 **정은진**

소화기를 튼튼히 하여 설사를 멎게 하고 정신을 안정시키며
노화예방에 응용한다.

재 료

찹쌀가루 1kg, 백복령가루 10g,

설탕 1/2C, 소금 1T

*** 고물: 거피 녹두 4C, 소금 1t**

*** 소: 거피 녹두고물 2C, 설탕 3T,**

꿀 1T, 계피가루 1t

*** 고명: 대추꽃 25개**

만드는 법

1. 찹쌀은 깨끗이 씻은 후 5시간 이상 불려 빻아놓는다.

2. 거피 녹두는 깨끗이 씻어 3시간 이상 불린 후 찜통에 (30~40분 정도 찐다).

3. 잘 쪄진 거피 녹두를 절구에 찧은 후 분량의 소금을 넣고 굵은체에 내려 고물을 만든다.

4. 3의 고물 중 2컵을 덜어내어 설탕, 꿀, 계피가루를 섞어 대추알 크기로 뭉쳐 소를 만든다.

5. 1의 찹쌀가루에 백복령가루, 설탕, 소금을 넣고 익반죽한 후 소를 넣고 지름 4~5cm 정도의 크기로 동글납작하게 떡을 빚는다.

6. 5의 떡을 끓는 물에 삶아 건진 후(물 위로 떠오르면 건진다) 대추고명을 박고 고물을 묻혀낸다.

인삼 스무디

夏

작성자 **문성인**

원기를 보하는 작용이 있고 진액을 생성시켜
갈증을 없애는 데 응용한다.

재 료

수삼 2뿌리, 바나나 3쪽(600g),
플레인 요구르트 2½C,
우유 1C, 가루녹차 5t, 얼음 1/4C

만드는 법

1 수삼은 깨끗이 씻어 썬다.

2 바나나는 얼린 후 껍질을 벗기고 썰어둔다.

3 블렌더에 1, 2의 재료와 플레인 요구르트, 우유, 얼음을 넣고 간다.

4 컵에 담고 가루녹차를 뿌려낸다.

수삼 유자청 무침

夏

작성자 **이금래**

원기를 보하는 작용이 있고 진액을 생성시켜 갈증을 없애는 데 응용한다.

재 료

수삼 3뿌리, 배 1/2개, 산약(마) 150g, 대추 10개, 밤 7개, 잣 1T, 꿀 1/3C, 유자청 1/2T, 소금 1/5t

만드는 법

1. 수삼은 깨끗이 씻어 0.3×0.3×6cm 크기로 채 썬다.
2. 배와 산약(마)은 껍질을 벗기고 0.5×0.5×6cm 크기로 채 썬다.
3. 대추는 씨를 뺀 후 0.3cm 굵기로 채 썰고 밤은 대추와 같은 크기로 채 썬다.
4. 잣은 굵게 다진다.
5. 준비한 모든 재료를 볼에 담고 꿀과 소금을 넣어 가볍게 버무린다.

오미자 젤리

夏

작성자 **이주영**

땀이 많아지는 것을 방지하고 진액을 생성시켜 소갈증에 응용한다.

재 료

오미자 50g, 물 2½C, 젤라틴 35g, 설탕 2T, 꿀 4T, 얼음

만드는 법

1 오미자는 깨끗하게 씻은 뒤 분량의 물을 붓고 10시간 정도 우린 다음 면 보에 거른다.

2 찬물에 젤라틴을 불려서 부드러워지면 물기를 짜낸다.

3 냄비에 오미자 우려낸 물과 불린 젤라틴, 설탕, 꿀을 넣고 젤라틴이 녹을 때까지 약 불로 끓인다.

4 작은 스테인리스 볼에 3을 넣고 얼음을 채운 큰 스테인리스 볼에 담은 후 거품기로 저으면서 고운 거품입자가 생기도록 한다.

5 젤리 틀에 붓고 냉장고에 넣어 굳힌다.

인삼 경단

夏

작성자 **박수화**

원기(元氣)를 보하고 오장의 기능, 특히 비장(脾臟)과 폐장(肺臟)의 기능을 튼튼하게 하는 데 응용한다.

재 료

찹쌀가루 2C, 인삼가루 20g, 소금 1t, 잣 2T, 꿀 5T

*** 고물~거피팥고물 2C, 쑥가루 1T, 치자물 1T, 대추 10개, 검은깨 2T, 검은 콩가루 2T**

만드는 법

1 찹쌀가루에 인삼가루를 섞고 따뜻한 소금물을 넣어 익반죽한다.

2 1의 반죽을 한 톨씩 떼어내 잣 3~4개를 소로 넣고 고루 비벼 직경 3cm의 원형으로 만든다.

3 끓는 물에 삶아서 떠오르면 건져내어 찬물에 재빨리 헹군다.

4 꿀을 고루 바르고 6가지 색의 고물을 입혀낸다.

tip **〈6가지 색 고물 만들기〉**

거피팥을 3시간 정도 물에 담가 충분히 불린 후 깨끗이 씻어 건지고 30~40분 정도 푹 찐다.

① 분량의 거피 팥고물을 삼등분하여 한 가지는 그냥 두고(흰색)
② 다른 한 곳엔 쑥가루를 넣고 고루 비비고(녹색)
③ 남은 한 곳엔 치자물을 들인다(노란색).
④ 대추의 씨를 발라내고 0.2cm 굵기로 채 썬다.
⑤ 검은깨는 깨끗이 일어 타지 않게 볶는다.
⑥ 검은 콩가루

연자육 용안육 샐러드

夏

작성자 **김자경**

비(脾)기능을 보하여 주며 마음을 편안하게 하는 데 응용한다.

재 료

연자육 200g, 용안육 50g, 사과 1개

sauce

*** 드레싱: 키위 2개, 다진 양파 2T, 올리브유 2T, 식초 1T, 설탕 2T, 소금 1/2t**

만드는 법

1 연자육은 깨끗이 씻은 후 30분 정도 불려 껍질을 벗겨 내고 10분간 삶는다.

2 용안육은 씻어 수분을 제거하고 사과는 사방 2cm 크기로 썬다.

3 키위는 강판에 갈고 나머지 드레싱 재료들과 잘 섞어준다.

4 연자육, 용안육, 사과를 섞어 접시에 담고 먹기 직전 드레싱을 끼얹어낸다.

산사 견과류 쿠키

夏

작성자 **김자경**

소화에 탁월하여 속을 편안하게 하는 데 응용한다.

재 료

산사 50g(물 1C, 황설탕 30g), 밀가루 300g, 견과류(해바라기씨, 호박씨, 땅콩, 아몬드 등) 150g, 설탕 100g, 버터 200g, 계란 1개, 소다 1/3t, 산사 우린 물 2T

*** 산사 우린 물: 산사 20g에 물 1/2C를 붓고 3시간 정도 우려 체에 밭친다.**

만드는 법

1 산사는 깨끗이 씻어 1C의 물에 10분간 불린 다음 그 물에 끓여 수분이 없어지면 황설탕을 넣고 졸인 후 씨를 빼고 다진다.

2 버터를 부드럽게 풀어 설탕을 넣고 크림화 한다.

3 2에 계란을 조금씩 나누어 넣으면서 부드러운 크림상태로 만든다.

4 밀가루와 소다를 섞어 체에 쳐 둔다.

5 3에 소다를 섞은 밀가루, 산사 우린 물을 넣고 살살 섞는다.

6 5에 각종 견과류와 1의 산사조림을 넣고 가볍게 섞어 반죽을 마무리 한다.

7 평철판에 한 스푼씩 떠 놓고 0.6cm 두께가 되도록 살짝 눌러준다.

8 예열된 오븐에서 15분(190℃) 굽는다.

제호편

夏

작성자 **이미진**

여름철에 갈증을 풀어주고 위를 튼튼하게 하며,
장의 기능을 조절하여 설사를 그치게 하는 데 응용한다.

재 료

쌀가루 1kg, 제호탕고 80g, 흑설탕 1/2C, 소금 2½t, 밤채, 석이채, 대추채 약간씩

* 제호탕고: 오매육 375g, 초과 11.5g, 축사(사인) 15g, 백단향 30g, 꿀 9C

만드는 법

1. 오매육, 초과, 축사, 백단향을 곱게 가루로 빻는다.
2. 불에 올릴 수 있는 도자기 그릇에 가루로 빻은 재료와 꿀을 넣고 섞은 다음 10~12시간 중탕시켜 되직하게 고를 만든다.
3. 쌀가루에 제호탕고, 흑설탕, 소금을 넣고 고루 섞어 체에 내린다.
4. 시루에 3을 안치고 밤채, 석이채, 대추채 등으로 고명 한 후 물이 끓을 때 올려 20분 정도 찌고 불을 끈다. 5분 정도 뚜껑을 덮은 상태로 뜸을 들인다.
5. 알맞은 크기로 잘라낸다.

가을(秋)

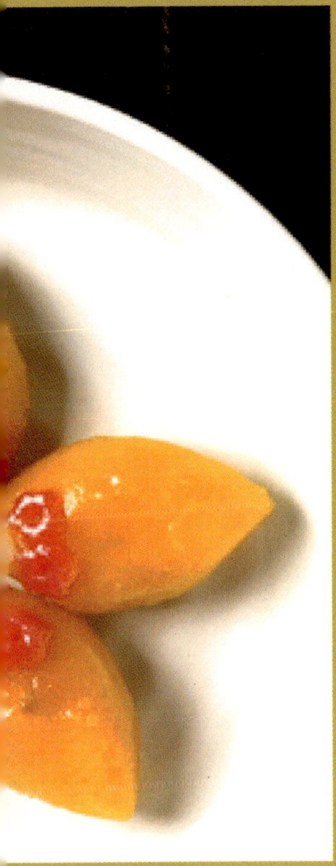

Autumn

대추죽

秋

작성자 **이윤희**

비위기능을 향상시키고, 기를 보하며 노화를 지연시키는 데 응용한다.

재 료

불린 쌀 1/2C, 대추 10개, 잣 1T, 소금 1/3t, 물 8C

만드는 법

1 대추는 씨를 도려내고 분량의 물에 1시간 이상 푹 삶아 곱게 간다.

2 불린 쌀은 믹서에 넣고 한 번만 간다.

3 곱게 간 대추 물에 쌀 간 것을 넣고 센 불에서 끓이다가 약불로 줄여 눋지 않도록 잘 저어가며 15분간 끓인 후 소금으로 마무리한다.

4 그릇에 담고 잣을 얹어낸다.

대추떡꼬치

秋

작성자 **이유영**

기를 더하고 혈을 보충하며 폐(肺)를 촉촉이 적셔줌으로써 피부를 윤택하게 하고 기침을 멈추게 하는 데 응용한다.

재 료

쌀 떡볶이떡 400g, 오이 1개, 대추 5개, 식용유 1T, 꼬치 10개

*** 양념: 배즙 4T, 꿀 2T, 간장 1T, 참기름 1t**

만드는 법

1 쌀 떡볶이떡을 끓는 물에 살짝 데친다.

2 오이는 소금물에 깨끗이 씻어 씨 부분을 도려내고 떡볶이떡과 비슷한 길이와 두께로 자르고 식용유(조금) 두른 팬에 살짝 볶아 파란색이 나면 접시에 펼쳐 식힌다.

3 대추는 깨끗이 씻어 씨를 도려낸 후 3개는 곱게 채 썰고, 나머지 2개는 돌돌 말아 0.2cm 두께로 썰어 그 단면이 꽃 모양이 되도록 한다.

4 배즙, 꿀, 간장, 채 썬 대추를 함께 넣고 3분간 끓인 후 식힌다.

5 꼬치에 떡볶이떡과 오이를 번갈아 꽂는다.

6 팬에 식용유를 두르고 떡꼬치를 지진다.

7 4의 양념에 참기름을 섞어 구워낸 떡꼬치에 발라 대추 꽃으로 고명하여 낸다.

대추 장아찌

秋

작성자 **임점희**

마음이 불안한 증상 및 혈색과 피부건조를
개선시키는 데 응용한다.

재 료

대추 160g, 고추장 3T

*** 달임장: 물 1/2C, 간장 1½T, 설탕 1t, 청주 1t, 식초 3t**

*** 준비물: 빨간 명주실**

만드는 법

1 대추는 깨끗이 씻어 마른 면 보로 물기 없이 잘 닦은 후 씨를 도려내고 돌돌 말아 명주실로 감는다.

2 달임장 재료들을 끓여 식힌다.

3 말아놓은 대추를 고추장에 버무려 가지런히 담고 마른 면 보로 한 겹 덮은 후 무거운 것으로 누르고 달임장을 붓는다.

4 1개월 정도 지나 간이 들면 꺼내 반으로 갈라 상에 낸다.

작약과 토란을 넣은 들깨두부전골

秋

작성자 **신수정**

비위의 기능을 좋게 하여 기운이 없고 몸이 나른하여
식욕이 없을 때 응용한다.

재 료

두부 300g, 토란 200g, 쇠고기 150g, 건표고 4개, 무 100g, 홍고추 3개, 청양고추 1개, 양파 50g, 미나리(파) 30g, 계란노른자 1개분(초대용), 계란 3개, 은행 10개, 녹말(밀가루) 3T, 들기름 3T, 국간장 1/2t, 소금 1/4t

*** 고기 양념: 간장 1T, 다진 파 1T, 다진 마늘 1/2T, 설탕 1/2T, 후춧가루 1/10t**

*** 약초물: 작약 20g, 삼백초 20g, 감초 20g, 다시마 25g, 표고버섯 25g, 물 5C**

*** 들깨육수: 약초물 4C, 들깨 1/2C, 국간장 1T, 소금 1/10t, 후춧가루 1/10t**

만드는 법

1 물 5C에 작약, 삼백초, 감초를 넣고 20분간 끓인 후 건지를 건져내고 다시 그 물에 다시마와 표고버섯을 넣고 10분간 끓여 약초물을 만든다.

2 블렌더에 약초물과 들깨를 넣고 함께 간 후 면 보에 내리고 국간장, 소금, 후춧가루로 간하여 들깨육수를 만든다.

3 두부는 3×5×0.7㎝ 크기로 썰어 소금을 뿌린 후 들기름 두른 팬에 굽듯이 지져 물기를 뺀다.

4 토란은 쌀뜨물에 10분간 끓여 떫은맛을 우려내고 체에 밭쳐 물기를 뺀다.

5 쇠고기는 곱게 다져 고기양념의 2/3를 덜어 양념한다.

6 건표고는 불려서 2×5㎝ 크기의 골패 모양으로 썰어 남은 고기양념으로 무쳐둔다.

7 무와 청양 · 홍고추는 2×5㎝ 크기의 골패 모양으로 썰어 끓는 소금물에 넣어 데치고 들기름, 국간장, 소금으로 밑간해둔다.

8 양파는 0.5cm 두께로 채 썰고 미나리(파)는 초대를 부친다. 계란 2개는 도톰하게 황백지단을 부쳐 무와 같은 크기의 골패 모양으로 썰고 1개는 멍울 없이 풀어 계란즙을 만들어둔다. 은행은 속껍질을 벗겨둔다.

9 지진 두부의 한쪽 면에 녹말을 묻혀 양념한 쇠고기를 넣고 또 다른 지진 두부의 한쪽 면에 녹말을 묻혀 마주 덮은 다음 녹말(밀가루), 계란즙을 씌워 들기름에 지져낸다.

10 두부의 소를 채우고 남은 고기는 완자를 빚어둔다.

11 전골냄비 바닥에 채 썬 양파와 무를 깔고 7의 두부와 표고, 청양 · 홍고추, 미나리(파)초대, 황백지단 등을 색스럽게 돌려 담고 가운데 토란을 얹는다.

12 토란의 가장자리로 은행과 완자를 멋스럽게 돌려 담는다.

13 들깨육수를 부어 끓이되 끓어 넘치지 않도록 2회로 나눠 붓는다.

표고선

秋

작성자 **주행숙**

면역력을 높이고 폐기능 허약으로 인한 기침에 응용한다.

재 료

건표고(중간크기) 10개, 수삼 20g, 오이(길이 3cm) 2토막, 대추 5개, 계란 1개, 식용유 2t, 소금 1/5t

* 표고 양념: 간장 3/4T, 다진 파 2t, 다진 마늘 1t, 설탕 1t, 참기름 1t

* 단촛물: 꿀 2T, 레몬즙 2T, 소금 1/2t, 생수 1T

만드는 법

1 건표고는 물에 불려 기둥을 떼어내고 물기를 꼭 짠 다음 어슷하게 반으로 가른다. 반으로 가른 표고버섯에 처음 가른 것과 반대방향으로 네 군데 어슷하게 칼집을 넣는다. 표고양념에 버무려 10분 정도 재웠다가 달군 팬에 식용유를 두르고 앞·뒷면을 지져낸다.

2 수삼은 0.2×0.2×3cm 크기로 가늘게 채 썬다.

3 대추는 돌려 깎아 밀대로 납작하게 밀어 0.2cm 굵기로 채 썬다.

4 오이는 돌려 깎아 수삼과 같은 크기로 채 썬 후 소금을 뿌려 5분 정도 절였다가 마른 면 보에 싸서 물기를 없앤다. 기름을 두르지 않은 팬에 살짝만 볶아 식힌다.

5 계란은 멍울 없이 풀어 지단을 부치고 한 김 식으면 3cm 길이로 가늘게 채 썬다.

6 표고버섯의 칼집 사이에 수삼채, 대추채, 오이채, 지단채 순으로 보기 좋게 끼워 넣는다.

7 단촛물을 만들어 상에 내기 직전에 고루 끼얹어낸다(단촛물은 반나절 전에 만들어 숙성시키면 맛이 더 좋다).

새우표고찜

秋

작성자 **김태순**

혈액순환을 좋게하며 몸을 따뜻하게 하는 데 응용한다.

재 료

불린 표고버섯 20개, 메추리알 20개, 청주 1t, 소금 1/3t, 후춧가루 1/10t, 참기름 1t, 밀가루 2T, 치커리 2장

*** 새우소: 새우살 150g, 계란흰자 2T, 다진 홍고추 2T, 다진 파 1T, 다진 마늘 1t, 참기름 1/3t, 소금 1/10t, 후춧가루 1/10t**

만드는 법

1 불린 표고버섯은 기둥을 떼어내고 물기를 제거한 다음 청주, 소금, 후춧가루, 참기름으로 밑간한다.

2 새우살을 거칠게 다진 후 남은 소재료들과 버무려 새우소를 만든다.

3 표고버섯의 안쪽에 밀가루를 바르고 새우소를 채운 다음 메추리알 노른자를 고명으로 얹는다.

4 김이 오른 찜통에 넣고 10분간 찐다.

5 치커리를 깐 접시에 새우표고찜을 모양 있게 담아낸다.

산약 전복 샐러드

秋

작성자 **박영미**

허약증, 기침, 해소, 천식에 좋으며 식욕감퇴, 피로회복에 응용한다.

재 료

활전복 1개, 산약(마) 200g, 사과 200g, 양상추 5~6장, 무순 100g

sauce

*** 모과드레싱: 모과청 2T, 키위즙 1/2C, 올리브유 2T, 소금 1/4t**

만드는 법

1 활전복의 살을 떼어내 솔로 깨끗이 닦아 끓는 물에 살짝 데친 다음 0.5cm 두께로 편 썰어둔다.

2 전복 껍데기를 솔로 문질러 깨끗이 씻고 끓는 물에 데쳐 물기를 빼둔다.

3 산약과 사과는 껍질을 벗기고 0.5×0.5×3cm 크기로 썰어둔다.

4 양상추는 직경 7~8cm의 원형으로 잘라 8개 정도 준비한다.

5 무순은 얼음물에 담가 싱싱하게 준비한다.

6 모과드레싱 재료를 모두 섞고 충분히 저어 드레싱을 만든다.

7 준비한 양상추에 전복, 산약, 사과, 무순을 모양 있게 담고 모과드레싱의 1/2 정도의 양을 뿌린다.

8 씻어둔 전복 껍데기에 남은 모과드레싱을 담고 완성된 샐러드와 함께 모양 있게 담아낸다.

두구 초과 추어탕

秋

작성자 **조익준**

허한 속을 따뜻하게 하는 데 응용한다.

재 료

미꾸라지 400g, 사인 12g, 얼(엇)갈이배추 100g, 토란대 50g, 숙주 50g, 대파 1대, 청고추 3개, 홍고추 1개, 국간장 1T, 고춧가루 1T, 소금 2T, 물 10C

*** 육수: 미꾸라지 삶아낸 육수 7C, 육두구 20g, 초과 20g, 된장 1T, 무 50g, 대파 1대, 마늘 6개**

만드는 법

1 넉넉한 크기의 볼에 미꾸라지를 넣고 소금을 뿌려 뚜껑을 덮는다.

2 산미꾸라지가 죽으면 거품이 나지 않을 때까지 헹구어 말끔히 씻어 건진다.

3 냄비에 분량의 물을 붓고 미꾸라지와 사인을 넣어 40~50분 정도 삶은 후 체에 밭쳐 미꾸라지와 육수를 분리한다.

4 삶은 미꾸라지를 어레미에 담고 나무주걱으로 살살 밀어 살을 걸러 내린다.

5 얼(엇)갈이배추는 데쳐서 2~3cm 길이로 썰어둔다.

6 토란대는 무르게 삶아 7cm 길이로 자른 후 두세 가닥으로 찢고 숙주는 데쳐둔다.

7 대파는 어슷 썰고 청 · 홍고추는 씨를 없앤 후 송송 썰어둔다.

8 추어탕 기본 육수를 모두 합해 한소끔 끓인 후 체에 걸러 추어탕 기본 육수를 만든다.

9 추어탕 기본 육수에 걸러둔 미꾸라지살과 고춧가루를 넣고 5분간 끓인다.

10 끓고 있는 추어탕에 얼(엇)갈이배추, 토란대, 숙주, 청 · 홍고추, 대파를 넣어 푹 끓인다.

11 국간장으로 조미한 후 뚝배기에 담아낸다.

산약 닭 간 튀김

秋

작성자 **이현정**

진해, 월경불순과 조혈작용이 있어 빈혈에 응용한다.

재 료

닭 간 300g, 산약(마) 50g, 대추 10개, 당귀 20g, 천궁 20g, 숙지황 10g, 황기가루 1T, 만삼가루 1T, 수삼 1뿌리, 계란흰자 2개분, 청주 1T, 생강즙 2t, 소금 1t, 후춧가루 1/5t, 식용유 적당량(튀김용), 체리토마토 2개, 파슬리 1줄기, 레몬 1쪽

만드는 법

1 닭 간은 깨끗이 씻은 후 20분 정도 찬물에 담가 핏물을 뺀다.

2 산약(마)은 껍질을 벗겨내고 2cm 두께로 동그랗게 썰고 대추는 깨끗이 씻은 후 물기를 빼고 씨를 도려낸다.

3 당귀, 천궁, 숙지황은 3C의 물을 붓고 30분 정도 달여 체에 밭쳐서 건지를 건져낸다.

4 계란흰자를 풀어 황기가루와 만삼가루를 넣고 고루 섞는다.

5 수삼의 뇌두 부분을 잘라내고 0.2×0.2×2cm 크기로 채 썬다. 파슬리는 깨끗이 씻어 잎을 조금씩 떼어놓는다. 레몬은 깨끗이 씻어 길이로 반 가른 후 반달 모양으로 얇게 썬다.

6 약재 달인 물에 대추살을 넣고 살짝 삶아낸 다음, 산약(마)을 삶아낸다. 그 물에 다시 핏물 뺀 닭 간을 넣고 살짝 삶는다. 삶아낸 닭 간은 먹기 좋은 크기로 도톰하게 썬다(2~3등분하는 것이 좋다).

7 삶아 썰어둔 닭 간에 청주, 생강즙, 소금, 후춧가루로 밑간하여 10분간 둔 후 수삼채와 5를 넣고 고루 주물러 닭 간에 인삼채를 묻힌다.

8 튀김기름이 180℃로 뜨거워지면 7의 닭 간을 한 개씩 넣어 속까지 익도록 튀겨낸다.

9 닭 간 튀김과 산약 삶은 것을 접시에 담고 레몬, 체리토마토, 파슬리로 장식하여 낸다.

닭 날개 조림

秋

작성자 **장은희**

정(精)을 늘리고 양(陽)을 도와 강장제로 응용한다.

재 료

닭 날개(닭봉) 600g, 간장 1½t,

정종 1/2t, 소금 1t, 식용유 적량(튀김용)

*** 조림장: 구기자 5g, 간장 2t,**

설탕 1t, 꿀 2T, 대파 2대, 식용유 2T

만드는 법

1 닭 날개(닭봉)를 간장, 정종, 소금으로 재워 30분~1시간 정도 둔다.

2 1의 닭 날개를 키친타월로 닦아 수분을 없앤 후 160℃의 식용유에 갈색이 나도록 튀겨낸다.

3 팬에 식용유를 두르고 간장, 설탕, 꿀 등의 조림장과 가늘게 채 썬 파, 구기자를 넣고 졸여 거품이 일면서 어우러지면 튀겨놓은 닭 날개를 버무려 담아낸다.

약선 바비큐립

秋

작성자 **김근석**

원기가 부족하여 허약하거나 소화 흡수가
잘되지 않는 사람에게 응용한다.

재 료

돼지 등갈비 1kg, 사과 1개, 키위 1/2개, 양파 1개, 마늘 10개, 생강 20g, 월계수잎 5장, 통후추 5T

sauce

* 소스 재료: 산사 30g, 구기자 30g, 황기 30g, 채 썬 양파 1개분, 월계수잎 5장, 통후추 1T, 커피 2T, 고운 고춧가루 1T, 올리브유 2T, 다진 마늘 1T, 간장 4T, 식초 6T, 케첩 6T, 황설탕 1T, 꿀 2T

만드는 법

1 돼지등갈비는 4~5시간 찬물에 담가 핏물을 빼고 사과와 키위를 함께 갈아 4~5시간 잰다(갈비가 연해지고 잡냄새를 없애는 작용).

2 산사, 구기자, 황기에 물 3C을 붓고 중불에서 1시간 정도 끓인 후 커피를 넣는다.

3 뜨거운 팬에 올리브유를 두르고 다진 마늘을 넣어 볶다 마늘향이 나기 시작하면 남은 모든 소스재료들을 넣고 걸쭉해질 때까지 중불로 끓인다.

4 2와 3를 합해 다시 끓여 걸쭉해지면 체에 걸러 소스를 완성한다.

5 갈비가 잠길 만큼의 물에 양파, 마늘, 생강, 월계수잎, 통후추를 넣고 물이 끓으면 1의 등갈비를 넣어 25~30분간 삶아 건진다.

6 삶아 낸 등갈비의 물기를 없애고 소스를 발라 190℃로 예열된 오븐에서 10분 정도 굽는다(이때, 꼭 쿠킹호일로 덮어 수분이 날아가지 않도록 한다). 다시 소스를 발라 한 번 더 10분간 굽는다(이때는 호일을 덮지 않아도 된다).

보혈(寶血) 돈육 안심 야채 말이

秋

작성자 **김효진**

혈을 보양하고 기운을 더해 수면 부족, 신체의 허약으로 인한 무력증에 응용한다.

재 료

돼지고기(안심) 200g, 숙지황 10g, 구기자 20g, 상심자 15g, 용안육 15g, 진피 10g, 도라지 100g, 양파 100g, 당근 100g, 샐러리 100g, 표고 15g, 잘게 다진 잣 1⅓T, 소금 1/5t, 후추 1/10t, 물 4C, 식용유 3T, 조리용 실

sauce

*** 소스: 약재 끓인 물 6T, 간장 6T, 청주 6T, 설탕 5T**

만드는 법

1 물 4C에 숙지황, 구기자, 상심자, 용안육, 진피를 넣고 20분간 끓인 후 체에 걸러 2C의 약재 끓인 물을 받고 용안육은 따로 건져 잘게 썰어둔다.

2 모든 소스재료를 합해 끓여 60% 정도 남으면 잘게 썬 용안육을 넣고 1분 정도 더 끓여 소스를 만든다.

3 돼지고기(안심)는 0.5cm 두께로 넓적하게 썰어 칼등으로 두들긴 다음 소금, 후추로 밑간하여 10분간 두었다가 1의 약재 끓인 물 중 1C으로 30분간 잰다.

4 양파, 당근, 샐러리, 표고는 0.3cm 굵기로 채 썰고 도라지는 같은 크기로 채 썬 후 소금물에 담가 쓴맛을 뺀다.

5 손질한 채소들은 식용유를 두른 팬에 각각 볶아낸다.

6 양념에 잰 돼지고기(안심)를 펼쳐 볶아둔 채소들을 색스럽게 올리고 둥글게 만 후 조리용 실로 묶어 식용유를 두른 팬에 굽는다.

7 중불에서 겉이 노릇하고 아삭하게 될 정도로 익으면 2의 소스를 넣고 살짝 끓여 조린다.

8 잘 조려지면 실을 풀고 2cm 두께로 둥글게 썰어 담고 잘게 다진 잣으로 고명한다(곁들임 야채를 함께 준비해도 좋다).

보혈 규아상

秋

작성자 **김영순**

원기를 돋우며, 혈을 보하며 빈혈, 혈액액순환에 응용한다.

재 료

밀가루 2C, 쇠고기(우둔살) 80g, 건표고 3개, 오이 2개, 잣 1T, 당귀 보혈육수 8T, 소금 1/3t, 식용유 1/2t, 담쟁이잎 20장

* 당귀 보혈육수: 당귀 6g, 황기 9g, 대추 5개, 청주 2/3C, 물 10C

* 고기 양념: 간장 3/4T, 당귀 보혈육수 1/2T, 설탕 1/2T, 다진 파 2t, 다진 마늘 1t, 깨소금 1t, 참기름 1t, 후춧가루 1/10t

* 초간장: 간장 1T, 식초 1T, 당귀 보혈육수 1T, 설탕 1/2T

만드는 법

1 분량의 밀가루에 당귀 보혈육수를 넣고 반죽한 후 얇게 밀어 지경 7㎝의 둥근 만두피를 만든다.

2 쇠고기는 곱게 다지고 건표고는 불려서 0.2cm 굵기로 곱게 채 썬다. 준비한 쇠고기와 표고버섯에 고기양념을 하여 볶아 식힌다.

3 오이는 4cm 길이로 돌려 깎아 채 썬 후 소금에 절였다가 꼭 짜서 식용유를 넣고 살짝 볶아 식힌다. 2와 섞어 소를 만든다.

4 만두피에 소를 넣고 가운데 잣을 2~3개 박은 다음 양쪽을 여며 해삼 모양으로 주름 잡아 만두를 빚는다.

5 김이 오른 찜기에 담쟁이잎을 깐 후 만두를 얹고 10분간 쪄 초간장과 곁들여낸다.

tip

* 당귀 보혈육수: 당귀 보혈육수 재료를 합해 한 시간 정도 약한 불에서 끓여 거른다.

고진음자 쇠고기 튀김

秋

작성자 **최은정**

몸이 야위고 기혈이 부족해서 진땀이 나고 어지럽고 무기력하면서 머리가 맑지 않을 때 응용한다.

재 료

쇠고기500g, 수삼 4뿌리, 진피 10g, 오미자 30g, 산약(마)가루 1¼C, 계란흰자 3개분, 녹말 8T, 간장 1t, 청주 2t, 물 11C

sauce

* 소스: 약재 끓인 물 2C, 식초 2T, 설탕 5T, 간장 1T, 소금1/5t, 물녹말 2T(녹말 1:물 1)

만드는 법

1 닭쇠고기는 잔칼집을 넣고 1×1×5cm 크기로 잘라 간장, 청주로 밑간한다.

2 수삼은 깨끗이 씻은 후 다듬어 몸통은 2×5×0.3cm 크기의 골패 모양으로 썰고 잔뿌리는 진피와 함께 물 8C을 붓고 끓기 시작하면 약 불로 줄여 4C이 되도록 달여 건지를 건져낸다.

3 오미자는 상온의 물 1C에 8시간 담근 후 건지를 건져내고 2의 수삼 진피 달인 물과 합해 2~3분 끓인다(이때 법랑 또는 유리 냄비를 사용하는 것이 좋다).

4 물 2C에 산약가루 1C, 계란흰자, 녹말 5T를 넣고 잘 섞어 튀김옷을 만든다.

5 밑간한 쇠고기에 산약가루 3T, 녹말가루 3T를 섞어 묻힌 다음 튀김옷을 입혀 170℃의 튀김기름에 노릇하게 튀겨낸다.

6 냄비에 약재 끓인 물을 넣고 끓으면 식초, 설탕, 간장, 소금으로 간하여 새콤달콤한 맛을 낸 후 물녹말로 농도를 조절하여 소스를 만든다.

7 튀겨낸 쇠고기는 다시 한 번 바삭하게 튀겨 수삼 썬 것을 얹고, 소스를 끼얹어 완성한다.

대추전병쌈

秋

작성자 **이정선**

원기회복과 이뇨에 효과가 있고, 식욕부진 등에 쓰인다.
위장을 보강하고 위의 기운을 편하게 하여 위장을 튼튼하게 만들어준다.

재 료

쇠고기 200g, 건표고 3개,
오이 1개, 당근 100g, 새우 100g,
참기름 1/5t, 소금 1/3t

* 고기 양념: 간장 1T, 설탕 1/2T, 다진 파 2t, 다진 마늘 1t, 깨소금 1/2t, 참기름 1/3t, 후춧가루 1/10t

* 밀전병: 대추 삶아 간 물 1¼C, 밀가루 1C, 소금 1/5t

sauce

* 소스: 간장 1/2t, 설탕 2t, 식초 2T, 레몬즙 1T, 소금 1t, 다진 대추 1T, 연겨자 2T, 잣가루 1/3t

만드는 법

1 쇠고기는 0.3×0.3×6cm 크기루 채 썰고 긴표고는 불린 후 같은 크기로 채 썰어 고기양념을 나누어 각각 양념하여 볶는다.

2 오이는 돌려 깎아 0.3×0.3×5cm 길이로 채 썬 후 소금에 절여 물기를 꼭 짜고, 당근은 오이와 같은 크기로 채 썰어 끓는 소금물에 살짝 데쳐 물에 헹군 다음 물기를 빼고 소금과 참기름으로 밑간한다.

3 새우는 껍질과 내장을 다듬어내고 끓는 물에 데친다.

4 밀전병 재료를 합해 고루 저은 후 직경 8cm 정도의 원형으로 전병을 부친다.

5 모든 소스재료를 합해 소스를 만든다.

6 준비한 재료들을 식혀 색스럽게 담고 밀전병과 소스를 곁들인다.

tip

* 대추 삶아 간 물: 대추 1/2C을 물 3C과 함께 1시간 이상 푹 삶아 씨를 빼내고 믹서에 간다.

수삼 사과드레싱 배추 마 샐러드

秋

작성자 **이영희**

신진대사를 원활하게 하며, 갱년기 장애에 응용한다.

재 료

쌈 배추 또는 양배추 200g, 산약(마) 200g, 오렌지 100g

sauce

*** 소스: 수삼 30g, 사과 300g, 양파 30g, 대추살 7g, 꿀 2T, 식초 3T, 레몬즙 2T, 생강즙 1/2t, 소금 1½t, 포도씨유 10T**

만드는 법

1 모든 소스재료를 블렌더에 함께 넣고 갈아 냉장 보관한다.

2 쌈 배추는 0.5×7cm 크기로 채 썬다. 산약(마)도 껍질을 벗겨 내고 같은 크기로 썰어놓는다.

3 썰어둔 쌈 배추와 마를 섞어 소스로 버무리고 얇게 썬 오렌지를 곁들여낸다.

* 오렌지 대신 딸기나 키위를 사용해도 좋다.

한방 광어 식해

秋

작성자 **신영옥**

기를 더하여 주며 혈이 부족하여 생기는 변비에 응용한다.

재 료

광어 2kg, 무 600g, 인삼 100g, 좁쌀 120g, 유자청 100g, 무순 20g, 참기름 1T

* 광어 삭힐 양념: 설탕 5C, 소금 1/2C, 3배 사과식초 5C, 물 5C

* 단촛물: 설탕 1½C, 소금 3T, 3배 사과식초 2½C, 물 5C

sauce

* 식해 양념: 감초 당귀 달인 물(물 5C에 감초, 당귀 각 15g을 넣고 1시간 동안 달여 반으로 조린다), 유자 2개, 마늘 10개, 생강 10g, 인삼가루 2t, 백복령 1t, 엿기름가루 2t, 소금 1/5t, 고춧가루 1/2C, 설탕 1/2C, 조청 1/2C

만드는 법

1 광어 삭힐 양념을 고루 섞어 설탕, 소금이 완전히 녹으면 0.5×0.5×7cm 크기로 채 썬 광어를 넣고 밀폐용기에 담아 3일간 냉장고에 보관한다. 광어살을 건져내어 행주에 싸 남은 물기를 서서히 제거한다.

2 무는 광어 식해를 쌀 수 있도록 길이로 길게 썰어 차가운 물에 두 번 헹군 후 단촛물에 담가 1일 정도 지나면 건져낸다.

3 인삼은 필러로 길게 썬 후 유자청에 담가 1일 정도 지나면 건져낸다.

4 좁쌀은 되직하게 밥을 지어놓는다.

5 유자, 마늘, 생강 ,백복령, 엿기름가루, 소금을 블렌더에 넣고 감초, 당귀 달인 물을 부어 곱게 간다.

6 6에 고춧가루, 인삼가루, 설탕, 조청을 넣고 버무려 식해 양념을 완성한다.

7 완성한 식해 양념에 조밥과 물기를 제거한 광어를 넣어 잘 섞은 후 참기름을 넣고 냉장고에서 3일 정도 삭힌다.

8 단촛물에 절인 무를 펴고 식해, 무순을 얹어 둥글게 만 후 유자청에 절인 인삼으로 한 번 더 말아서 완성한다.

삼색양갱

秋

작성자 **이영혜**

혈액순환을 촉진시키고 몸을 따뜻하게 하여 뱃속이 차고 아픈 것을 멈추게 하는데 응용한다.

재 료

*** 파래 양갱**

흰앙금 1kg, 가루한천 18g, 물 2¾C, 설탕 450g, 파래가루 3T+물 1/2C, 물엿 50g

*** 계피 양갱**

흰앙금 1kg, 가루한천 18g, 물 2¾C, 설탕 450g, 계피가루 4T+물 1/2C, 물엿 50g

*** 홍삼 양갱**

흰앙금 1kg, 가루한천 18g, 물 2¾C, 설탕 450g, 홍삼가루 4T+물 1/2C, 물엿 50g

만드는 법

1 물 1/2C에 가루파래(계피가루, 홍삼가루)를 넣어 멍울 없이 풀어준다.

2 두꺼운 팬에 물 1½C를 붓고 가루한천과 함께 바글바글 끓이면서 계속 젓는다.

3 2에 분량의 설탕을 넣고 계속 약한 불에 조린다.

4 남은 물에 앙금을 풀어 1의 가루파래(계피가루, 홍삼가루) 푼 물을 넣어 섞는다.

5 3에 4를 넣고 계속 저어가며 조린다.

6 냄비 바닥에 주걱자국이 나며 거의 다 될 무렵 물엿을 넣어 조린다.

7 틀에 부어 식힌 후 냉장고에 넣어 2시간 정도 지나면 꺼내어 일정 크기로 자른다.

복령 3색 꽃송편

秋

작성자 **이순옥**

수분 대사를 조절하여 소변을 잘 보게 하는데 응용한다.

재 료

쌀 500g, 복령 25g, 백년초가루 1/4T, 치자 물 2T, 대추 10개, 잣 50g, 볶은 참깨 3T, 설탕 3T, 소금 1/3t, 참기름 2T

만드는 법

1. 쌀은 깨끗이 씻은 후 6~8시간 불렸다 물기를 뺀 후 소금을 넣고 빻아 체에 한 번 내린 후 3등분 한다.
2. 분량의 복령을 물 5C에 넣고 1시간 정도 끓여 건지를 건져낸 후 3등분 한다.
3. 3개로 나눈 복령 끓인 물 중 하나는 그대로 두고 나머지 두 곳에 각각 백년초가루와 치자 물을 넣어 각각의 쌀가루에 붓고 반죽하여 3색의 송편반죽을 만든다.
4. 대추는 씨를 발라낸 후 잘게 다지고 잣은 다진다. 볶은 참깨는 거칠게 갈아 분량의 설탕을 나누어 넣고 3가지 송편소를 만든다.
5. 3가지 색의 반죽에 각각의 소를 넣고 송편을 빚어 김이 오른 찜기에 30분간 찌고 5분간 뜸 들인 후 꺼내 참기름을 바르고 둥근 목판에 예쁘게 담는다.

겨울(冬)

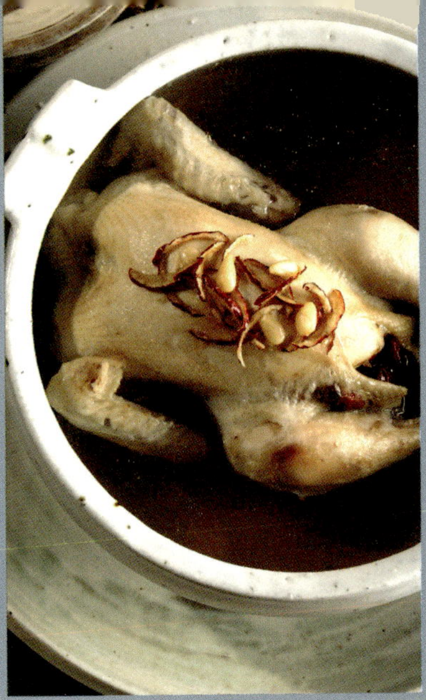

Winter

하수오 흑임자죽

冬

작성자 **김남희**

신장 기능을 튼튼하게 하여 정력을 높이고 머리카락을 검게 하며
간장의 기능을 좋게 하여 피곤함을 없애고, 살결을 곱게 한다.

재 료

하수오 20g, 흑임자 1/2C, 쌀 1/2C, 잣 2T, 물 11C, 꿀 혹은 소금 (기호에 따라)

만드는 법

1. 하수오는 깨끗이 씻어 3C의 물에 5시간 정도 불린 다음 그대로 불에 얹어 30분 이상 끓인 후 체에 거른다(혹은 하수오 분말을 이용한다).
2. 흑임자는 씻어 건져 타지 않게 볶은 다음 잣과 함께 블렌더에 넣고 물 2C을 부어 곱게 갈아 고운체에 거른다.
3. 쌀은 씻어서 2시간 이상 물에 불린 후 체에 건져 물기를 빼고 물 1C과 함께 블렌더에 넣고 곱게 갈아 고운체에 거른다.
4. 바닥이 두꺼운 냄비에 3과 물 5C을 붓고 저으면서 끓이다가 말갛게 되면 2를 조금씩 넣어 저어가며 끓인다.
5. 잘 어우러지면 하수오 끓인 물을 붓고 다시 더 끓인다.
6. 잘 끓여진 죽을 그릇에 담고 꿀과 소금을 곁들여낸다.

하수오 흑미 호두죽

冬

작성자 **김영빈**

혈을 자양하고 풍을 없애며, 머리를 검게 하는 데 응용한다.

재 료

하수오 50g, 흑미 1C, 호두 1/2C, 물 7C, 소금 1/3t

만드는 법

1 하수오를 깨끗이 씻어 분량의 물을 붓고 1시간 정도 달인 후 체에 밭쳐 건지를 건져낸다.

2 흑미는 잘 씻어 1시간 정도 불린 후 체에 밭쳐 물기를 뺀다.

3 호두는 따뜻한 물에 불려 속껍질을 벗겨낸다.

4 불린 흑미와 호두를 블렌더에 갈아 냄비에 넣고 1을 부어가며 죽을 끓인다.

5 죽이 완전히 퍼지면 소금 간을 하여 낸다.

산약인삼죽

冬

작성자 **이소연**

원기부족으로 인한 신체허약, 권태, 피로, 땀이 많은 증상과 비위 기능의 감퇴에 응용한다.

재 료

찹쌀 200g, 산약(마) 100g, 인삼(수삼) 30g, 대추 3개

만드는 법

1 찹쌀은 깨끗이 씻어 30분 이상 불려놓는다.

2 산약과 인삼(수삼)을 쌀알 크기로 썬다.

3 대추는 씨를 도려내고 0.5cm 두께로 채 썬다.

4 준비한 재료를 모두 냄비에 넣고 물 10C을 부어 잘 저어가며 30분 이상 끓인다.

5 죽이 완성되면 완성그릇에 담고 소금을 곁들여 상에 낸다.

약로보정죽

冬

작성자 **이명호**

소화력 증진, 불면, 빈뇨에 응용한다.

재 료

쌀 250g, 산약(마) 100g, 계피 10g, 복분자 10g, 은행 10g, 용안육 10g, 잣 10g, 행인 5g, 대추 5개, 호두 5쪽, 물 8C, 우유 5C, 오미자 우린 물 3T, 꿀 3T

만드는 법

1. 분량의 물에 계피와 복분자를 넣고 30분 정도 끓여 고운체에 밭쳐 약물을 거른다.
2. 대추는 씨를 도려내어 1개는 4등분하여 고명용으로 준비하고 나머지는 남겨둔다.
3. 쌀을 30분 이상 불려 마와 함께 블렌더에 넣고 간다.
4. 쌀, 마 간 것에 1의 약 물을 붓고 죽을 끓인다.
5. 끓고 있는 죽 솥에 은행, 용안육, 잣, 행인, 남은 대추, 호두를 갈아 넣고 20분 정도 끓인다.
6. 죽이 완성될 무렵 분량의 우유를 붓고 약 불로 줄인다.
7. 죽이 다 어우러지면 오미자 우린 물에 꿀을 넣어 죽에 넣고 휘저어 섞는다.
8. 고명용 대추와 잣으로 모양을 내어 담아낸다.

두충 팥죽

冬

작성자 **최원구**

고혈압, 부종, 단백뇨, 오저, 요통 등에 다양하게 사용되며, 안태작용이 탁월하여 임산부에게 응용한다.

재 료

붉은 팥 500g, 쌀 2C, 두충 40g, 새알심가루 2C(찹쌀과 쌀을 2:1 분량으로 가루 낸 것), 물 16C, 소금 1/2t

만드는 법

1 두충 40g에 물 6C을 붓고 1시간 정도 끓여 건지를 건져내고 물만 받아둔다.

2 쌀은 씻어서 30분 정도 불린 후 건져두고 팥은 씻어서 냄비에 담고 팥이 잠길 정도의 물을 부어 끓어오르면 물을 따라 버린다.

3 다시 팥에 물 10컵을 부어 1시간 정도 푹 무르게 삶는다.

4 무르게 삶은 팥을 뜨거울 때 주걱으로 으깨어 두충 끓인 물을 조금씩 부어가며 체에 걸러 껍질은 버리고 앙금은 가라앉힌다.

5 4의 웃물을 조용히 따라 내어 넉넉한 크기의 냄비에 넣고 가열하여 끓어오르면 불린 쌀을 넣고 주걱으로 한 번씩 저어가며 쌀알이 완전히 퍼질 때까지 끓인다.

6 쌀알이 퍼지면 4의 팥앙금을 넣어 잘 저어가며 끓인다.

7 새알심 가루를 익반죽하여 지름 1~2cm 크기로 빚어 끓고 있는 팥죽에 넣는다.

8 새알심이 위로 떠오르면 소금으로 간을 맞춰낸다.

삼동죽(蔘冬粥)

冬

작성자 **김진순**

음을 보하여 정신을 안정시키고, 기를 잘 돌게 하는 작용이 있으며
입이 마르고 건조한 사람들에게 응용한다.

재 료

쌀 150g, 인삼 10g, 맥문동 45g, 물 15C

만드는 법

1 쌀은 깨끗이 씻어 30분 이상 불린다.

2 인삼, 맥문동에 분량의 물을 붓고 30분간 끓여 건지를 건져낸다.

3 불린 쌀에 인삼, 맥문동 끓인 물을 붓고 20~30분 정도 끓인다.

오미자 인삼 김밥

冬

작성자 **하호경**

강장, 강심, 건위 등에 응용한다.

재 료

쌀 4C, 수삼 4뿌리, 오미자 30g, 오이 1개, 당근 150g, 깻잎 8장, 김 4장, 소금 2t, 참기름 1T

*** 수삼 양념: 다진 파 1T, 다진 마늘 1T, 통깨 1t, 고추장 1½T, 설탕 1T, 식초 1T, 물엿 1t, 소금 1/5t**

*** 오이 절임물; 오미자물 1½C, 설탕 1T, 식초 1T, 소금 1T**

만드는 법

1 쌀은 깨끗이 씻어 고슬고슬하게 밥을 짓는다. 준비된 밥에 소금 1t와 분량의 참기름을 넣고 고루 비벼둔다.

2 물 3C을 끓여 식힌 다음 오미자를 담가 하룻밤 동안 우려낸다.

3 수삼은 깨끗이 손질한 다음 0.3cm 굵기로 채 썰어 남은 소금으로 주물러 씻은 다음 오미자 물 1C을 덜어 30분 정도 담가 쓴맛을 우려낸다. 쓴맛이 약간 없어지면 건져 물기를 꼭 짠다.

4 볼에 수삼 양념 재료 모두를 넣고 골고루 섞어서 생채 양념장을 만든다.

5 양념장이 들어 있는 볼에 쓴맛을 뺀 수삼을 넣고 조물조물 무쳐 맛본 후 모자라는 간은 소금으로 더한다.

6 오이는 길이로 4등분해서 씨를 제거하고 오이 절임물에 10분 정도 절인다.

7 당근은 0.3cm 굵기로 채 썰어 센 불에서 식용유를 두르지 않고 살짝 볶는다.

8 대나무 발에 김을 놓고 밥을 넓게 편 다음 깻잎을 깔고 준비된 재료들을 얹어 김밥을 만든다.

색동조랭이떡 냉이 만두국

冬

작성자 **황순녀**

보혈작용이 있으며 수명을 길게 하고, 관상동맥경화를 방지하는 데 응용한다.

재 료

색동조랭이떡: 쌀가루 1.35kg, 흑미가루 150g, 백년초가루 1t, 울금가루 1/2t, 상엽가루 1t

*** 상엽만두피: 밀가루 2C, 상엽가루 1t, 물 3/4C**

*** 냉이만두소: 냉이 300g, 두부 300g, 애호박 100g, 양파 20g, 계란 1개, 다진 파 1T, 다진 마늘 1½t, 참기름 1T, 깨소금 1T, 왕소금 1t**

*** 육수: 사골(멸치)국물 4C, 하수오국물 4C, 소금 조금**

*** 고명: 계란지단**

*** 하수오국물: 물 7C, 건하수오 20g(90분간 끓인다)**

만드는 법

〈색동조랭이떡〉

1 쌀가루는 먼저 150g을 덜어놓은 후 4등분하여 1가지는 백색 그대로 다른 세 곳엔 약초가루(백년초, 울금, 상엽)를 각각 물 2~3T에 풀어 넣고 덜어둔 150g에는 흑미가루를 섞어 5가지 색깔로 곱게 반죽한다.

2 1의 반죽을 각 색깔별로 조랭이떡 모양을 빚어 160℃ 오븐에 10분간 쪄낸다.

〈냉이만두〉

3 상엽만두피: 분량의 물에 상엽가루를 섞은 다음 밀가루에 붓고 반죽하여 지름 7cm 정도의 만두피를 만든다.

4 냉이만두소: 냉이는 깨끗이 다듬고 살짝 데쳐 곱게 다지고, 두부는 물기를 빼고 곱게 으깬다. 애호박, 양파를 곱게 다져 물기를 빼고 준비한 재료와 계란을 고르게 섞어 다진 파, 다진 마늘, 참기름, 깨소금, 왕소금을 넣고 고루 버무린다.

5 만두피에 소를 넣고 냉이만두를 빚어 10분간 찐다.

〈떡국 끓이기〉

6 사골(멸치)국물, 하수오국물을 1:1로 섞어 끓인 다음 소금으로 간을 한다.

7 조랭이떡, 뽕잎만두를 각각 넣어 따로따로 삶아 익힌다.

8 그릇에 색동조랭이떡을 모양있게 담고 가운데 만두를 얹은 후 지단으로 고명하여 국물을 부어낸다.

봉황 보혈탕

冬

작성자 **왕혜문**

비위가 허하여 생기는 변비, 빈혈, 어지럼증, 신경쇠약,
생리통과 손발이 찬 증세에 응용한다.

재 료

영계 1마리, 구기자 10g, 당귀 6g, 대파 2대, 마늘 5개, 생강 10g, 잣 20g, 대추 2개, 소주 8C, 소금 1/3t, 후춧가루 1/10t, 이쑤시개 2개

만드는 법

1 깨끗이 씻은 닭을 끓는 물에 한 번 데쳐서 기름을 뺀 후 찬물에 헹궈낸다.

2 닭의 뱃속에 구기자, 당귀, 대파, 마늘, 생강을 넣고 내용물이 빠져 나오지 않도록 이쑤시개로 배를 꿰맨다.

3 냄비에 닭을 넣고 닭이 잠길 정도의 소주를 부어 끓인다. 이때 소주가 넘치지 않도록 조심한다.

4 술이 끓기 시작하면 술 위에 불을 붙이고 약 불로 줄인다. 술 위에 불이 꺼지면 다시 불붙이기를 반복하고 더 이상 불이 붙지 않으면 알코올 성분이 다 날아간 것이다.

5 더 이상 불이 붙지 않으면 소금을 넣고 뚜껑을 덮은 채 20~30분 정도 푹 끓여준다.

6 상에 내기 직전 잣과 채 썬 대추를 뿌리고 소금, 후춧가루를 곁들여 상차림 한다.

아귀 샤브샤브

冬

작성자 **박숙주**

혈을 보하여 가슴이 두근거리는 증상과 건망증을 회복시키며 음을 보충하여 갈증을 없애는 데 응용한다.

재 료

아귀 400g, 오징어 1마리, 대하 2마리, 대합 2개, 느타리버섯 150g, 팽이버섯 1봉, 미나리줄기 150g, 콩나물(거두절미) 100g, 양파 1/2개, 대파 1대, 다진 마늘 2T, 소금 1/3t, 흰 후춧가루 1/5t, 홍화 5g

*** 육수: 당귀 20g, 천궁 20g, 국물용 멸치 20g, 다시마 10×10cm**

만드는 법

1 물 6C에 당귀, 천궁을 넣고 1시간 정도 끓인 후 불을 끄고 멸치와 다시마를 넣어 30분간 둔다. 30분 후 건지를 건져내고 면 보에 걸러 육수를 준비한다.

2 모든 해산물은 깨끗이 씻어 아귀는 살을 얇게 포 뜨고, 오징어는 껍질을 벗기고 칼집을 내어 3×5cm 크기로 썬다.

3 느타리버섯은 재빨리 헹구어 물기를 빼고 팽이버섯은 밑동을 잘라내고 가볍게 헹구어둔다.

4 미나리는 줄기만 사용하여 5cm로 자르고 양파는 2cm 두께로 가로로 둥글게 썬다. 대파는 어슷 썬다.

5 냄비에 모든 재료를 색스럽게 담아서 준비한 육수를 부어낸다.

6 홍화는 해물이 다 익어 그릇에 담아내기 직전에 냄비에 넣어준다.

약선닭고기 야채전골

冬

작성자 **권병근**

기가 허해진 사람, 소화불량, 구토, 흉통, 이완성 설사, 식욕부진이 있는 사람의 보양식으로 응용한다.

재 료

닭 1마리(1.5kg), 황기 50g, 수삼 1뿌리, 구기자 30g, 숙주 100g, 부추 100g, 깻잎 20장, 쑥갓 100g, 팽이버섯 150g, 홍고추 2개, 대파 1대, 양파 1/2개, 마늘 5개, 다진 마늘 1/2t, 소금 3⅓t, 후춧가루 1/5t, 물 20C

sauce

*** 소스: 미소 1T, 육수 1/2C, 계란노른자 1개, 참기름 1/2T.**

만드는 법

1 닭은 뱃속까지 손을 넣어 깨끗하게 씻은 후 살을 발라내어 얇게 포 뜬다.

2 냄비에 황기와 물 20C을 넣고 1시간 정도 푹 끓여 황기를 건져낸다.

3 2의 황기국물에 살 발라낸 닭 뼈, 수삼, 대파, 양파, 마늘을 넣고 30~40분 푹 끓인 후 면 보에 밭쳐 기름기를 제거하고 소금 1T로 간한다.

4 포 뜬 닭살에 소금 1/3t, 후춧가루, 다진 마늘을 넣어 버무려 놓는다.

5 채소와 버섯은 깨끗이 손질하여 5~6cm 길이로 채 썬다.

6 전골냄비에 손질한 채소를 보기 좋게 돌려 담고 중앙에 양념한 닭고기와 구기자를 담는다.

7 기름기 제거한 육수를 채소 위에 붓고 한소끔 끓으면 다시 소금으로 간 맞춘다.

8 모든 소스재료를 믹서에 넣고 고루 섞일 정도로 갈아 곁들여낸다.

전골뚝배기

冬

작성자 **조금호**

입덧을 멎게 하며 태아의 생장발육을 도우며 임신부의 소화 기능을 좋게 하는 데 응용한다.

재 료

홍합 500g, 해삼 750g, 복령 100g, 생강 50g, 자소엽 15g, 다시마 20g, 무 250g, 산약(마) 250g, 표고버섯 150g, 당근 100g, 양파 100g, 콩나물 150g, 미나리 100g, 쑥갓 100g, 대파 1대, 다진 마늘 1⅔T, 소금 2T

만드는 법

1 홍합과 해삼을 깨끗이 씻어놓는다.

2 물 5C에 복령, 생강, 자소엽을 넣고 30분 정도 끓인 후 약재를 건져낸다.

3 다른 냄비에 물 10C을 붓고 홍합을 넣어 끓이다가 홍합이 벌려지면 홍합은 건져두고 국물은 고운 면 보에 걸러 맑은 국물을 받는다.

4 2의 냄비에 건져둔 홍합과 다시마, 해삼을 넣고 3의 맑은 육수를 더한다.

5 무, 마, 표고버섯, 당근, 양파를 씻어 전골용 크기(3×7cm 정도)로 썰어서 다진 마늘과 함께 4의 냄비에 넣어 끓인다.

6 콩나물은 씻어서 머리와 꼬리를 다듬어내고 미나리, 쑥갓, 대파는 7cm 길이로 썰어놓는다.

7 끓고 있는 냄비에 콩나물, 미나리를 넣고 불을 끄기 직전 쑥갓과 대파를 넣는다.

8 소금으로 간하여 탕 그릇에 담아낸다.

구기자 산약 닭고기 카레

冬

작성자 **하호경**

자양강장의 효능이 뛰어나고 간세포의 신생을 촉진하고 신허증을 개선하는 데 응용한다.

재 료

닭 1마리(900g), 산약(마) 300g, 당근 200g, 양파 200g, 토마토 2개, 구기자 30g, 카레가루 3T, 밀가루 1½T, 소금 1t, 후춧가루 1/5t, 다진 마늘 1T, 올리브유 2T, 버터 3T

*** 육수: 닭 뼈, 마늘 5개, 생강 10g, 대파 1대**

만드는 법

1 깨끗이 씻은 닭의 살을 발라내어 사방 2cm 크기로 잘라 소금과 후춧가루로 밑간한다.

2 살을 발라내고 남은 닭 뼈와 마늘, 생강, 대파를 넣고 재료가 잠길 만큼의 물을 부어 중불에서 1시간 정도 은근히 끓인다. 뽀얗게 우러나면 고운 면 보에 걸러 육수를 준비한다.

3 분량의 밀가루에 카레가루 1T를 섞어 밑간한 닭고기에 골고루 묻힌다.

4 산약과 당근은 껍질을 벗겨내고 닭고기 크기로 썰어놓는다.

5 양파도 같은 크기로 썰고 토마토는 붉게 익은 것으로 준비하여 껍질을 벗겨낸 후 가로로 반 갈라 씨를 살짝 짜내고 다른 재료의 크기에 맞춰 썬다.

6 구기자는 깨끗이 씻어 체에 건져놓는다.

7 팬을 달구어 올리브유를 두르고 다진 마늘과 닭고기를 넣어 살짝 지진다.

8 냄비에 버터를 녹이고 손질한 양파, 당근을 넣어 약 불에서 볶아 노릇해지면 남은 카레가루를 넣고 볶는다.

9 8의 냄비에 육수를 조금씩 부어가며 덩어리 없이 풀고 지진 닭고기를 넣어 조리다 토마토 썬 것과 산약, 구기자를 넣어 가볍게 섞고 끓으면 약 불로 낮춰 모든 재료가 다 익을 때까지 조린다.

인삼 고추 물김치

冬

작성자 **김상희**

원기를 보하고 오장의 기운을 왕성하게 하며, 특히 비폐의 기능을 튼튼하게 하는데 응용한다.

재 료

풋고추 200g, 수삼 100g, 배 1/2개, 무 100g, 밤 3개, 대추 5개, 생강 8g, 마늘 3개, 매실청 1T, 육수 10C, 소금 5~6T

* 육수: 무 150g, 다시마 10*10㎝, 멸치 20g, 북어 20g, 물 13C으로 30분간 끓인다.

만드는 법

1. 풋고추는 3% 소금물에 3~4시간 절인 후 한쪽만 칼집을 넣어 씨를 제거한다.
2. 수삼, 배, 무, 밤, 대추, 생강, 마늘은 0.2×0.2×3cm 크기로 곱게 채 썬 후 고루 섞어 김치 소를 만든다.
3. 풋고추의 칼집에 김치 소를 넣어 속을 채운 다음 육수를 붓고 매실청과 소금으로 간을 맞춘다.

약선 배추김치

冬

작성자 **조선지**

養心(양심), 益腎(익신), 裨脾(비위)를 하여 주고
감기에 응용한다.

재 료

배추 5㎏(2포기), 왕소금(절임용) 200g, 황기 20g, 진피 5g, 감초 5g, 무 600g, 갓 100g, 쪽파 100g, 미나리 60g, 고춧가루 240g, 다진 마늘 6T, 다진 생강 1½T, 무즙 1/2C, 새우젓 1/2C, 멸치액젓 1/2C, 찹쌀가루 3T, 율무가루 3T, 소금물(물 10C:왕소금 200g)

만드는 법

〈배추 절이기〉

1 배추를 2~4등분하여 소금물에 담갔다가 건져 배추줄기 사이에 절임용 소금을 뿌린다.

2 배추의 잘라진 면이 위로 오도록 하여 절임통에 담고 소금물을 부어 실온에서 6~8시간 정도 절인다(절이는 도중(3~4시간 후) 아래에 놓인 배추는 위로, 위에 놓인 배추는 아래로 바꾸어준다).

3 잘 절여진 배추를 세 번 정도 헹구어 물기를 뺀다.

〈양념 만들기〉

4 물 6C에 황기, 진피, 감초를 넣고 센 불에서 끓인다. 끓기 시작하면 약 불에서 1시간 정도 끓인 후 체에 거른다.

5 약재 끓인 물 2½C에 찹쌀가루와 율무가루를 넣고 풀을 쑨다.

6 무는 김치용으로 채 썰고 갓, 쪽파, 미나리는 깨끗이 씻어 3㎝ 길이로 썬다.

7 고춧가루, 다진 마늘, 다진 생강, 무즙, 새우젓, 멸치액젓, 쑤어놓은 풀을 섞어 양념을 만든다.

〈양념소 넣기〉

8 무채, 갓, 쪽파, 미나리에 7의 양념을 버무려 절여놓은 배추에 켜켜로 양념소를 넣고 겉잎으로 감싸 김치통에 담는다.

보쌈

冬

작성자 **김정석**

기침을 상기하는 사람, 한열과 피부 속이 오싹오싹한 사람, 자궁출혈과 불임증을 가진 여성에게 응용한다.

재 료

통삼겹살 600g, 황기 20g, 당귀 20g, 계피 40g, 감초 20g, 산사 10g, 양파 1/4개, 대파 1/2대, 간장 7T, 설탕 4T, 물엿 3T, 소금 2T, 소주 3T, 참기름 1t, 물 10C

*** 보쌈용 김치: 배춧잎 2장, 무 300g, 고구마 200g, 쪽파 3뿌리, 대추 2개, 잣 1T, 새우젓 3T, 굵은 고춧가루 3T, 소금 4T**

만드는 법

1 황기, 당귀, 계피, 감초, 산사, 양파, 대파, 간장, 설탕, 물엿, 소금을 물 10C에 넣고 끓인다.

2 1의 물이 끓으면 통삼겹살을 넣고 다시 끓으면 소주, 참기름을 넣어 중불에서 삶는다.

3 40분 후 건져내어 한 김 나가면 0.5cm 두께로 썰어 담는다.

4 배춧잎에 2T의 소금을 뿌려 1시간 정도 절인 후 찬물로 헹구어낸다.

5 무와 고구마는 김치용 굵기로 채 쳐서 남은 소금에 절인 후 헹구어 물기를 없앤다.

6 쪽파는 5cm 길이로 자른다. 대추는 씨를 도려내고 채 썬다.

7 무, 고구마, 쪽파에 새우젓을 짜서 넣고 고춧가루를 넣어 버무린다.

8 절여놓은 배춧잎에 7과 대추채, 잣을 넣고 김밥 모양으로 말아 썬 다음 고기에 곁들여 담는다.

연 샐러드

冬

작성자 **한상남**

소변 자주 보는 것을 방지하고 혈압에 응용한다.

재 료

밥 550g, 닭고기(안심) 150g, 산약(마) 50g, 양파 60g, 표고버섯 50g, 파프리카 50g, 당근 40g, 죽순 30g, 완두콩 20g, 식용유 2T, 굴소스 2½T, 참기름 1½T, 청주 1½T, 소금 1/3t, 후춧가루 1/10t

만드는 법

1 연근은 껍질을 벗기고 0.5cm 두께로 썰어 끓는 물에 살짝 데쳐서 건져놓는다.

2 마도 껍질을 벗기고 0.5cm 두께로 썰어 끓는 물에 살짝 데친다.

3 연자육은 깨끗이 씻어서 실온의 물에 2시간 담가놓았다가 끓는 물에 5분 정도 데친 후 건진다.

4 용안육은 깨끗이 씻어 건져놓는다.

5 오미자는 깨끗이 씻어서 끓여서 식힌 물 10T에 8시간 정도 우린다.

6 브로콜리는 먹기 좋은 크기로 떼어낸 후 끓는 물에 소금을 넣고 데쳐 건진다.

7 블렌더에 모든 소스재료를 넣고 갈아 소스를 만든다.

8 넓은 접시에 손질한 재료를 보기 좋게 섞어 담고 소스를 얹어낸다.

약선 맛탕

冬

작성자 **박아름**

비기(脾氣)를 보(補)해주고, 비(脾)기능 허약으로 인한 권태감과 무력감, 음식감소, 설사에 응용한다.

재 료

산약(마) 300g, 은행 5개, 녹말 3T, 식촛물(식초 1T, 물2C), 식용유 적당량(튀김용)

* 시럽: 식용유 2T, 설탕 1/2C, 물 1/2C

만드는 법

1. 마는 껍질을 벗기고 길이로 반 갈라 큼직하게 이슷어슷 썰어 식초물에 담근다.
2. 5분 후 찬물로 헹구어내고 물기를 닦아놓는다.
3. 은행은 따뜻한 물에 불려 속껍질을 벗겨낸다.
4. 마에 녹말을 고루 묻힌 다음 170℃의 식용유에서 노릇노릇하게 두 번 튀긴다.
5. 팬에 시럽 재료들을 모두 넣고 약한 불에서 젓지 않고 가열하여 갈색을 띠기 시작하면 튀겨낸 마, 은행을 넣고 재빨리 골고루 버무려낸다.

흰머리를 검게 하는 하수오 약편

冬

작성자 **이지양**

신장을 보하고 정력을 돋우며
모발을 검게 하는 효능이 탁월하고 노화를 방지하여
몸을 강장시키는 데 응용한다.

재 료

*** 떡가루: 백하수오 분말 30g, 쌀가루 5C, 찹쌀가루 1C, 설탕 6T, 탕 액 5~6T**

*** 탕 액: 황정 15g, 구기자 15g, 물 3C**

*** 구기자 호두정과: 탕 액을 끓인 후 건져낸 구기자, 호두 20g, 설탕 1T, 꿀 1T, 탕 액 3T**

*** 고물: 흑임자 1C, 소금 1/3t**

만드는 법

1 탕 액을 만들고 난 구기자에 탕 액 3T를 넣고 센 불에서 끓이다 물기가 거의 없어지면 설탕 1T, 꿀 1T와 속껍질을 벗겨낸 호두를 넣고 조리듯이 끓여 구기자 호두정과를 만든다.

2 흑임자는 타지 않도록 볶은 다음 분량의 소금을 넣고 분쇄기에 곱게 갈아 고물을 만든다.

3 설탕을 제외한 떡가루 재료들을 합해 섞은 후 체에 내린다.

4 체에 내린 떡가루에 설탕을 넣고 잘 섞어 떡가루를 완성한다.

5 시루 바닥에 흑임자 고물을 뿌리고 떡가루를 안친 다음 다시 흑임자 고물을 뿌린다.

6 김이 오른 찜통에 시루를 올려 20~30분 정도 쪄낸 후 구기자 호두정과로 장식한다.

tip

* 탕 액: 깨끗이 씻은 황정과 구기자에 물을 붓고 30분 정도 끓여 1C 정도의 양이 되면 건지와 물을 분리하여 식힌다.

인삼 쇠고기 육포

冬

작성자 **이순옥**

원기를 보하며 냉병에 효과가 있고 오랫동안 신체가 허약한 증상에 응용한다.

재 료

쇠고기 600g

* 양념: 수삼 100g, 양파 100g, 배 100g, 간장 5T, 청주 2T, 청・홍고추 각 2개, 마늘 5개, 생강 20g, 통후추 10알, 설탕 2T

만드는 법

1 쇠고기는 육포용으로 포 뜬 후 소쿠리에 밭쳐 핏물을 완전히 제거한다.

2 인삼을 깨끗이 씻어 다른 양념 재료와 함께 냄비에 넣고 10분 정도 끓인 후 체에 걸러 식힌다.
(소량의 양념을 만들 경우 인삼과 양파, 배는 갈아서 즙을 낸 후 다른 양념재료와 함께 끓여 면 보에 거른다.)

3 핏물 뺀 쇠고기에 끓여 식힌 양념을 넣고 주물러 양념이 고루 배도록 한다.

4 양념된 고기를 채반에 펼쳐 널어서 꾸덕꾸덕하게 마르면 방망이로 밀어 평평하게 만든다.

5 완성된 육포는 냉동실에 넣어 보관하며 참기름을 얇게 발라 구워 먹는다.

백년초설기

冬

작성자 **김기쁨**

기침, 가래, 천식해소에 응용한다.

재 료

쌀가루 800g, 백년초 열매즙 20g, 백년초 줄기즙 20g, 백년초 동결건조 분말 10g, 백년초 줄기 동결건조 분말 10g, 설탕 80g, 소금 1T, 물 1C

만드는 법

1 쌀가루는 4등분하여 각각의 쌀가루에 백년초 열매즙, 백년초 줄기즙, 백년초 동결건조 분말, 백년초 줄기 동결 건조 분말을 한 가지씩 넣고 소금 분량의 1/4씩을 나누어 섞은 후 물 내리고 분량의 설탕(쌀가루 중량의 10%)을 섞어 4가지의 떡가루를 만든다.

2 시루(찜기)에 면 보나 유산지를 깔고 4가지의 떡가루를 한 켜씩 차례로 안친다.

3 찜솥에 김이 오르면 시루(찜기)를 얹고 20분간 찐 후 10분간 뜸을 들인다.

4 한 김 나가면 먹기 좋게 썰어낸다.

소회향 춘권칩

冬

작성자 **이주영**

간, 신, 비위의 기능을 돕고 기를 통하게 하는 데 응용한다.

재 료

소회향 5g, 춘권피 200g, 미나리 5줄기, 고추장 1t, 꿀 1/2t, 물 2T

만드는 법

1 분쇄기를 이용하여 소회향을 곱게 간다. 미나리는 깨끗이 다듬어 씻은 후 물기를 빼둔다.

2 소회향 가루와 분량의 고추장, 꿀, 물을 섞어서 소스를 만든다.

3 춘권피에 소스를 바르고 미나리 잎을 올린 뒤 다른 춘권피로 마주 부쳐 먹기 좋은 크기로 자른다.

4 마른 팬이나 오븐에 살짝 구워 낸다.

삼색증편

冬

작성자 **조선의**

신체의 하초가 허약하고 찬 것을 치료하는 데 응용한다.

재 료

쌀 5C, 막걸리 1/2C, 설탕 1/2C, 물 1/2C, 가루녹차 1/2t, 계피가루 1/2t, 소금 1/3t

*** 고명: 잣 20알, 대추꽃 10개, 석이버섯채 10개**

만드는 법

1 쌀은 10시간 정도 물에 담가 불린 후 소금을 넣고 곱게 빻아 고운체에 내린다(가을에는 묵은 쌀을 사용한다).

2 작은 볼에 막걸리, 설탕, 물을 넣고 고루 섞는다.

3 쌀가루에 2를 붓고 반죽한다.

4 큰 플라스틱그릇이나 오지그릇, 또는 스테인리스 그릇에 반죽을 담고 뚜껑을 덮은 후 따뜻한 곳(30~40℃)에 담요로 덮어 둔다.

5 6시간이 지나면 열어 주걱으로 기포를 빼고 2시간 후 다시 기포를 뺀다.

6 반죽을 3등분하여 1분량은 그대로 두고(흰색), 남은 두 곳엔 각각 가루녹차, 계피가루를 넣어 3색 반죽을 만든다.

7 찜 그릇에 흰 천을 깔고 각 색깔의 반죽을 따로 담은 후 고명을 얹는다.

8 김이 오른 찜 솥에 반죽이 담긴 찜 그릇을 넣고 중불에서 20분간 찌고 약불에서 5분간 뜸 들이고 불을 끄고 5분 후 꺼낸다.

약차

冬

작성자 **조성원**

비를 튼튼하게 하고 위를 보양하며 음식을
잘 소화시키게 하는 데 응용한다.

재 료

진피 30g, 백출 20g, 산사 10g, 신곡 10g, 물 5C, 꿀 약간, 대추 채

만드는 법

1 모든 약재를 잘 씻은 뒤 5C의 물에 넣고 중불에서 끓인다.

2 끓기 시작하면 약 불로 줄여 20분 정도 더 끓여 건지를 건져 낸다.

3 기호에 따라 꿀의 양을 조절하여 넣고 대추채를 얹어 낸다.

부록

부 록

감초

성질은 평하며(平), 독이 없으며 맛은 달다(甘).
비위(脾胃)의 기능을 좋게 하여 비위기능의 허약으로 기운이 없고 몸이 나른하여 아무 의욕도 생기지 않을 때 및 사지무력, 식욕부진, 변을 묽게 보는 증상에 좋으며 위장의 경련과 동통을 그치게 한다.
폐를 촉촉하게 하여 진해 · 거담의 효과를 보이며, 심장의 혈기 부족으로 맥박이 고르지 않고 가슴이 뛰는 증상에 쓰며, 정신을 안정시켜 히스테리를 다스린다.
사지의 근육 경련을 풀어주고 독에 대한 해독 작용이 있고 약과 약의 조화를 이루게 한다.

곽향

성질은 약간 따뜻하고(微溫) 독이 없으며 맛은 맵다(辛).
비위(脾胃)기능을 보하며 습(濕)이 비위(脾胃)에 정체된 것을 치료하므로 복부창만, 식욕부진, 메스꺼움, 구토, 설사, 설태가 두껍게 끼는 증상을 다스린다. 피부 표면의 한기(寒氣)를 발산(發散)하게 하고 방향(芳香)이 있어 습탁(濕濁)을 잘 통하게 한다. 여름에 외감풍한(外感風寒), 내상생랭(內傷生冷)으로 인한 오한발열(惡寒發熱), 소화 장애가 따르는 감기로 가슴이 답답하고 메스꺼운 증상 및 발열, 두통, 구토, 설사, 몸이 나른한 증상, 두통완비(頭痛脘痞) 등이 있을 때 해서화습(解暑化濕)하여 치료한다.
여름철의 구토, 설사에 좋으며 차로 항상 복용하면 더위를 잊게 한다. 입 안에서 구취가 날 때에는 약물 달인 물로 양치질을 하면 제거된다. 피부 진균, 황색포도상구균, 녹농균, 대장균, 이질균, 용혈성연쇄상구균, 폐렴균 등의 발육을 억제하는 작용이 있다. 또한 위액 분비를 촉진시켜 소화력을 증가시킨다. 약물 달인 물은 담낭 수축 작용이 있다.

고구마

성질은 평(平)하고, 독이 없고 맛은 달다(甘).
주로 허한 상태를 보하며 기력을 증진시키고 소화기와 신장의 음기를 이롭게 한다.

구기자

성질은 차고(寒) 무독하며 맛은 달다(甘).
신(腎)을 보하여 정(精)을 자양(滋養)시켜 주며 간신음허(肝腎陰虛)로 인하여 어지럽고 허리와 무릎에 힘이 없을 때 효과가 있다. 근골을 보하고 풍을 없애며, 대소장을 잘 통하게 하며 눈을 밝게 해주고 폐(肺)를 촉촉하게 하여 주어 기침을 멈추게 하며 면역증강 및 조절작용, 항암작용, 조혈기능 촉진작용, 항노화작용, 혈당강하작용, 혈중 지질강하작용과

간 보호작용 및 항지방간의 작용이 있고, 혈압을 내리고 생장 촉진 작용이 있다. 간신의 음기(陰氣)를 보(補)하고 갈증을 그치게 하며 소갈증에도 유효하다.

녹차

성질은 약간 차며(微寒) 맛은 달고(甘) 쓰다(苦).
누창을 치료하고 소변을 편하게 하게 하며 가래, 갈증, 열을 물리치고 사람으로 하여금 잠을 적게 한다. 기운을 내리게 하고, 체한 것을 소화시켜 주며 머리를 맑게 해 준다.

당귀

성질이 따뜻하며(溫) 맛은 달고(甘) 매우며(辛) 독이 없다.
심혈(心血)과 간혈(肝血)이 부족해서 일어나는 안면창백, 입술과 손톱에 광채가 없고 머리와 눈이 어지러우면서 가슴이 뛰는 증상에 보혈 작용을 한다.
어혈이 정체되어 있어 발생하는 통증을 치료하며 혈액순환을 좋게 하므로 혈액 순환 장애로 인한 마비 증상을 풀어주고 통증도 완화시키며 혈허(血虛)와 어혈(瘀血)로 인한 불규칙한 생리, 생리통 또는 폐경 등에 효과적이다. 여자의 생리 조절 작용이 뛰어나고 산전·산후 질환에 쓰인다. 혈을 보하고 경락을 잘 조절하여 혈이 부족하여 생기는 두통과 어지러움을 치료하고, 장을 부드럽게 하고 건조한 것을 촉촉하게 하며 경락이 막혀 생긴 복부의 통증 및 변비를 치료한다. 부기를 빼 주고 피부의 헐어로 생긴 발진을 다스리므로 외과에도 활용된다.
조혈작용이 있으며 혈소판 응집능을 억제하고 소염 진통, 항균작용이 있으며, 간 기능보호 작용과 항암작용이 있다. 자궁 흥분과 억제 작용을 조절하고, 단백질 합성을 촉진시키며, vitamine E 결핍을 방지하므로 유산을 막아준다. 관상 동맥의 혈류량을 촉진시키고, 적혈구 생성을 왕성하게 하며, 항염증·진통 작용이 있다. 비특이성 면역 촉진 작용이 있어서 단핵 대식 세포의 탐식 능력을 높인다. 항산화 작용, 항방사능 작용이 있고, 기관지 천식에도 효과적이다.

대추

성질은 따뜻(溫)하고 무독하며 맛은 달다(甘).
비위(脾胃)기능 허약으로 피곤을 많이 느끼면서 기운이 없고 식욕이 줄며 변을 묽게 보는 증상에 유효하다. 혈허(血虛)로 인하여 신체에 영양을 고르게 공급하지 못해서 나타나는 얼굴의 황색증, 입술이 건조하고 피부가 마르며 어지럽고 눈앞에서 꽃이나 별과 같은 헛

것이 보이는 증상에 활용한다. 정신 황홀, 불면, 신경과민, 히스테리, 갱년기 장애 등과 같은 증상에 정신 안정효과가 좋다. 완화작용이 있어서 독성을 감소시킨다. 항알레르기, 항암작용이 있으며 진해 · 거담작용을 가지고 있다. 또한 항산화작용을 하는데, 동물실험 결과 이 추출물이 쥐의 간장에서 지방산화를 억제하는 효과가 입증되었다.

도인(桃仁)

성질은 평하며(平), 맛은 쓰고(苦) 달다(甘).
혈액 순환을 원활하게 하여 어혈을 풀어주는 효능이 있어 어혈증 치료에 용이하다. 주로 통증, 산후복통, 적체, 타박상, 폐와 장이 울체된 것 등에 사용된다. 또한 혈액을 보양하고 건조한 것을 막아주고 장을 윤활하게 하여 통변에도 효능이 있다.

도라지

성질은 약간 따뜻하거나(溫) 평(平)하고 맛은 맵고(辛) 쓰며(苦) 독이 약간 있거나 혹은 없다. 폐경에 작용하므로 해수와 가래가 많고 호흡이 불편한 증상에 널리 활용된다. 감기로 인하여 해수, 가래, 코 막힘, 오슬오슬 춥고 두통이 있을 때에 효력이 있다. 오장(간, 심, 비, 폐, 신)과 장과 위를 이롭게 하고, 혈기를 보한다. 한열풍비를 없애고 속을 따뜻하게 하여 소화가 잘되게 하며 인후통을 치료하고 벌레독에 효과가 있다. 폐를 도와 담을 없애고, 농을 배출시킨다. 머리와 눈, 인후를 맑고 부드럽게 하여, 가슴에 막힌 기를 열어준다. 인후 질환을 다스리므로 편도선염, 인후염에 감초(甘草)와 같이 활용한다. 폐의 기능이 저하된 사람, 답습에 의한 증상이 있는 사람, 가슴이 가득하고 답답한 사람, 나이가 많아 폐의 기능이 쇠약해진 노인이 식용으로 먹으면 좋다. 가슴과 옆구리가 칼로 찌르는 듯이 아픈 경우, 배가 포만하고 속에서 꾸룩 소리가 나는 경우, 잘 놀라는 경우에 효과가 있으며, 담이 치성하여 기침이 급한 경우, 코가 막히고 눈이 붉은 경우, 치통, 구창, 폐농(폐에 농이 찬 것), 건해를 치료한다. 구토에 객혈이 잇는 사람은 복용을 금한다. 돼지고기와 함께 먹는 것을 피하고 용담초와 백급과 같이 섞으면 안 된다. 동물 실험 결과 신속한 거담작용, 혈당 강하, 간장 내의 콜레스테롤 강하, 개선균 억제 등의 효능을 보인다.

두충

성질은 따뜻하고(溫) 독은 없으며 맛은 약간 맵다(辛).
간신(肝腎)을 보하며 근골(筋骨)을 강하게 하고 임산부의 경우 태아를 편안히 하고 허리와 무릎이 시리고 쓰시는 증상을 완화시킨다.

간신(肝腎)의 기능을 강화시켜 몸이 차서 나타나는 양위(陽萎), 하복부 냉감, 소변을 자주 보는 증상 등에 사용하고 방광의 수축력을 높인다. 간신이 허약해서 일어나는 임신 중의 태동불안, 자궁 출혈 또는 유산을 방지하는 데 효과가 있다.
두충을 달인 물은 혈관 평활근에 직접적인 확장작용을 일으켜 혈압을 내리며, 항노화 작용이 있고, 혈청 콜레스테롤 강하 작용이 있다.

맥문동

성질은 약간 차고(微寒) 독이 없으며, 맛은 달고(甘) 약간 쓰다(微苦).
음을 자양하고 폐를 촉촉하게 하고 소화기능을 좋게 한다. 진액을 생성시켜 폐음(肺陰)이 손상되어 음허(陰虛)로 일어나는 해수, 각혈 등의 증상에 좋다. 위음(胃陰)이 손상되고 허약해서 혀가 마르고 갈증이 나는데 쓰고, 소갈증으로 입 안이 건조하고 물을 많이 마시고 음식을 많이 먹는 증상에 좋다. 음혈(陰血)이 손상되어 가슴 속이 답답하고 편안치 않아서 팔다리를 가만히 두지 못하는 증상과 잠을 이루지 못하는 증상에 좋다. 변비에 윤장(潤腸), 통변(通便)의 효과가 있다.
항산화 작용이 있고, 관상동맥의 혈류량 촉진과 심장 근육의 결혈증(缺血症)에 보호 작용이 현저하다. 심장 근육의 수축력을 개선하고, 진정 작용을 나타낸다. 면역 증강 작용이 있고, 혈당저하 작용이 있으며 백색포도상구균, 고초간균, 대장균, 인플루엔자균에 억제 작용을 보인다.

보골지

성질은 따뜻하며(溫) 맛은 쓰고(苦) 맵다(辛).
신양(腎陽)이 부족해서 음부(陰部)가 차고 유정(遺精), 유뇨(遺尿) 및 허리가 차고 아프면서 무거운 증상을 다스린다. 비위(將胃)가 허해져서 음식의 양이 감소하고 헛배가 부르고 장에서 꾸르륵거리는 소리가 나고 구역질 또는 설사에 효과가 있다.

복분자

성질은 약간 따뜻하고(微溫) 맛은 달고(甘) 시다(酸).
간, 신장으로 들어가 신장과 정액을 보하고 뇨를 농축시키는(補腎固精縮尿) 효능이 있다.
단맛은 보익(補益)하고 신맛은 수렴하며 단맛과 신맛은 화음(化陰)하고 단맛과 온화한 성질은 양기를 돕는다. 주로 신장으로 들어가 신장을 따뜻하게 하며 양기를 도와 신허로 인한 정을 치밀하게 하는 작용을 하며 빈뇨, 불임증에 효과가 있다.

부 록

복령

성질은 평(平)하고 독이 없으며 맛은 달고(甘) 싱겁다(淡).
수분대사를 조절하여 소변을 잘 보게 하고 비장을 보하고 심장을 편안하게 한다. 수종을 다스리고 소변을 잘 못 보고 배와 전신이 붓는 증상에 효력을 나타내며, 담음(痰飮)으로 해수, 구토, 설사가 있는 것을 치료한다. 신경과민으로 가슴이 뛰고 잘 놀라며 건망증, 유정(遺精)이 있는 것을 다스린다. 심장부종에도 현저한 반응을 나타낸다.
약물 달인 물은 이뇨 작용이 현저하나 건강한 사람에게는 나타나지 않는다. 실험에서는 세균증식 억제 효과가 나타났으며, 동물 실험에서, 토끼의 장관(腸管)을 이완시키는 작용이 있으며, 흰 쥐의 유문부 결찰로 인한 궤양 형성 예방 효과가 있었다. 혈당을 내리고, 알코올 추출물은 심장의 수축력을 증강시킨다. 면역 증강 작용, 항종양 작용이 있다.

백단향

성질은 따뜻하며(溫) 독이 없으며 맛은 맵다(辛).
장, 위, 폐에 작용하며 기를 잘 돌게 하여 비장과 위의 기능을 도와주어 명치와 배가 아픈 데나 맑은 물을 토하는 증상 등에 사용한다. 오령지를 배합하여 어혈로 인한 위통을 치료한다. 필발, 현호색, 세신 등을 배합하여 기체혈허(氣滯血虛)로 인한 관상동맥경화증을 치료한다.

백출

성질은 따뜻하고(溫) 맛은 쓰고(苦) 달다(甘).
비, 위경으로 들어가 기를 보하고 튼튼하게 하며 땀을 멎게 하고 유산을 막는(安胎) 효능이 있다. 특히, 기를 보하고 비장을 튼튼하게 한다. 또한 비장, 위경으로 들어가 비장의 운화(運化)와 희조악습(熹燥惡濕)하는 성질과 부합되어 비장을 보호한다. 조습이수(燥濕利水)하여 수종을 치료하며, 황달, 지한(止汗, 땀을 멎게 함) 등에도 사용된다. 비장이 허하여 차고 습한 것으로 인한 태동불안(胎動不安)으로 배가 아프거나, 물을 토하는 증세를 보일 때 유산을 막거나(安胎) 치료한다. 백출을 상용하면 비장을 튼튼하게 하고 불조(不燥, 건조함이 없음)하며, 볶아서 사용하면 조습(燥濕)의 효능이 증가되고, 설사를 멎게 한다.

사인

성질은 따뜻하고(溫) 맛은 맵다(辛).
방향성이 높아서 소화기 냉의 습기를 제거하고 기를 잘 통하게 하며, 건위 소화 작용이 있어서 복부팽만동통 및 음식 생각이 없고 구토, 설사를 하는 증상에 응용된다.

비위(脾胃)를 따뜻하게 하므로 한습(寒濕)이 정체되어 일어나는 설사에 효과적이고 임신 중 구토, 복부동통, 대변출혈에 효력을 나타낸다. 기를 잘 소통시키고 비위를 편안하게 하여 안태(安胎)의 효능이 있어 태동불안, 임신오조 등에 효과적이다.

사인을 달인 물의 낮은 농도는 장관에 흥분 작용을 일으키고, 고농도는 억제작용을 보인다. 장관의 과도한 흥분을 해소시키고 경련을 풀어준다.

산사

싱질은 약간 따뜻하고(微溫) 맛은 달고(甘) 시다(酸).

음식을 소화시켜 체한 것을 풀어주며 혈액순환을 도와 어혈을 흩어주며 비장의 기운을 도우며 입맛이 돌게 하고 음주로 인한 증상을 풀어준다. 건위 작용 및 소화 촉진 작용이 있어 소화불량, 육식 소화 장애, 복통 등에 탁월한 반응을 보인다. 혈액 순환 개선으로 산후 복통, 부인의 생리통 등에 활용된다. 어혈(瘀血)을 제거하므로 타박어혈동통의 통증을 가라앉힌다. 지질 용해 작용이 있어 관상 동맥 장애와 협심증, 고혈압, 고지혈증 등에 널리 응용된다.

강심 작용이 있으며, 혈압 강하, 관상 동맥 혈류량 촉진, 혈관 확장에 유효하다. 콜레스테롤의 흡수를 억제하고, 죽상동맥경화에 효력을 나타내며, 지방산 및 동물 지방 식품의 소화 촉진에 현저한 효과가 있다. 병원 미생물 억제 작용, 진정 작용이 있으며, 모세 혈관 투과성을 높이고, 자궁 수축 증가 작용을 나타낸다.

산수유

성질은 약간 따뜻하고(微溫) 독이 없으며 맛은 시고(酸) 떫다(澁).

간신(肝腎)을 보하여 어지러운 증상을 다스리고 허리와 무릎이 쑤시는 증상을 완화시킨다. 발기가 안 되고 정액이 저절로 흘러나오고 귀에서 소리가 나는 증상에 효과가 좋다.

신맛은 수렴성이 강하여 식은땀이 그치지 않을 때, 새벽에 설사를 하고, 소변의 양이 적으면서 잘 나오지 않거나 또는 소변을 자주 볼 때, 야뇨증, 자궁출혈에 효과가 있다.

간기능 허약으로 식은 땀이 많고 잘 놀라며 가슴이 뛰는 증상에 쓰인다. 동물실험에서 이뇨작용과 혈압강하작용을 보이며, 산수유 달인 물은 포도상 구균, 이질균의 억제작용과 암세포의 억제작용이 있으며 혈당강하작용도 있다. 심근의 수축력을 높이고, 혈압을 올리며, 면역계통에 림프 세포증식작용, 혈소판 응집억제작용도 있다.

상심자(오디)

성질은 따뜻하거나(溫) 혹은 약간 서늘하며(凉) 독이 없으며, 맛은 달고(甘) 시다(酸).

부 록

오장을 보호해주고 눈과 귀를 밝게 하며 관절을 부드럽게 해주고 기혈을 소통시키며 경맥을 조화시켜 주며 정신을 건강하게 하며 신수(腎水)를 보해주고 진액을 생성시켜 갈증을 제거한다.
수액대사를 강화시켜 종기를 제거하고 술을 깨게 하며 모발을 검게 한다. 오래 복용하면 배고픔을 잊게 된다. 소화기가 허약하고 설사를 하는 사람은 복용하지 않는 것이 좋다.

산약

성질은 평(平)하며 맛은 달다(甘).
비기(脾氣)를 보해 주고, 비(脾)기능 허약으로 인한 권태감과 무력감, 음식감소, 설사를 다스린다. 폐기(肺氣)와 폐음(肺陰)부족으로 인한 허약증 및 해수, 천식, 점도가 높은 가래가 있는 증상에 효과가 있다. 혈당 강하작용, 항 노화 작용, 항산화 작용, 면역증강작용이 있으므로 수명 연장 효과가 있다. 아미노산 중 arginine 성분은 자연보습인자로 피부를 촉촉하게 한다. 밀기울에 초하면 비위기능을 보하는 효능이 높아지고 약재가 고르게 열을 받아 약의 성상이 개성되며 인지질의 함량이 더 높아진다.

삼백초

삼백초는 조혈작용이 있어 세포 분열을 촉진하고 적혈구와 백혈구의 생성을 촉진하는 작용을 한다. 병을 앓고 난 후, 출혈이 있은 후, 수술 후 피가 모자랄 경우 생긴 빈혈에 효과적이다.

상엽

성질은 차고(寒) 무독하며 맛은 달고(甘)쓰다(苦).
항균과 혈당강하작용을 하며, 소염작용이 있다. 인체의 단백질 합성을 촉진시키고 세포생장을 촉진시키며 표피 생산을 촉진한다. 체내의 cholesterol과 지질의 수치를 낮춘다.

숙지황

성질은 따뜻하고(溫) 맛은 달다(甘).
숙지황은 대표적인 혈을 보하는 약으로서 간(肝)과 신(腎)을 보하는 요약이 되며, 그 질이 윤하고 액을 많이 함유하고 있어서 보혈, 정과 골수를 생성하는 효능이 탁월한 약재이다. 간과 신의 음기 부족으로 관절이 아픈 증상이나 식은 땀이 나며 자기도 모르게 정이 밖으로 빠져나가는 증상, 당뇨나 월경부족, 현기증이나 귀울림, 머리가 빨리 하얗게 세는 증상, 소변 시 피가 섞여 나오는 등의 증상을 치료한다. 예전부터 보혈, 보음의 명약이라고 불렸으며 지금까지도 많이 사용되고 있는 약재이다. 무독(無毒), 점성이 있는 성질을 가지고 있어 위장장애나 소화장애 같은 부작용이 생길 수 있으므로 습과 담 많은 사람이나 이로 인하여 복부가 그득하고 설사가 있는 사람은 복용을 금한다.

쑥

성질은 따뜻하고(溫) 독이 없으며 맛은 쓰다(苦).
쑥은 오래된 여러 가지 병과 부인의 붕루(하혈)를 낫게 하여 안태를 시키며, 복통을 멎게 하며 적리와 백리를 낫게 한다. 오장치루(五臟痔漏)로 피를 쏟는 것과 하부의 의창을 낫게 하며 살을 살아나게 하고 풍한을 헤친다. 음기(陰氣)를 북돋아 주며, 곽란을 멈추게 하고, 피부에 윤기와 활력을 주며, 혈색을 좋게 하며, 여성의 자궁 속에 스며 있는 찬 기운과 습한 기운을 몰아 내 생리 불순을 고쳐 주며, 피를 맑게 하며, 간 기능을 좋게 한다.

소회향

성질은 따뜻하고(溫) 독이 없으며, 맛은 맵다(辛).
신(腎)을 따뜻하게 하여 한기(寒氣)를 발산시키고 소화기를 편안하게 하며 기를 더하여주어 밥맛이 돌게 한다. 아랫배가 냉하여 나타나는 통증과 신(腎)이 허하여 생기는 통증, 위장통증, 구토 등을 다스린다. 건습각기(乾濕脚氣)에도 효과가 있다.

신곡

성질은 따뜻하며(溫한) 맛은 달고(甘) 맵다(辛).
비, 위경으로 들어가 소화가 잘되게 하여 위를 편안하게 한다. 이것은 발효하여 만든 것으로 음식을 소화시키고 위를 튼튼히 하는 효능이 있으며 소화 불량 등을 치료한다.
신곡은 또한 능히 광석류의 약을 도와 흡수(運化吸收)가 빨리 되도록 하는 기능을 한다. 날 것으로 사용하면 비장을 튼튼하게 하고 위를 보양시키고, 볶아서 사용하면 기를 소통시키고 소갈과 지사제로 사용된다. 신곡과 맥아는 모두 곡식을 잘 소화시키며 울체를 잘 없어지게 한다.

엄나무

성질은 평하며(平) 독이 없고 맛은 쓰거나(苦) 맵다(辛).

거풍통락(擧風通絡: 풍기를 없애고 경락을 소통시킨다)이 있어 허리나 다리를 쓰지 못하는 것과 마비되고 아픈 것을 치료한다. 근골이 뻣뻣하고 아픈 경우, 요통과 무릎 통증이 심할 경우, 신경통, 관절염이 있을 경우 사용한다.

연자육

성질은 평하며(平) 맛은 달고(甘) 떫다(澀).
연자육은 연꽃의 씨로, 비(脾) 기능이 허약해서 설사를 할 때에 비(脾) 기능을 보(補)하여 설사를 멈추게 하는 작용을 한다. 신경이 예민한 사람은 밥에 넣어 먹기도 한다. 비암(鼻癌)과 인후암을 억제하는 약리작용이 있고, 연자심의 liensinine은 혈압을 지속적으로 내리는 작용이 있다. 신(腎)기능이 약해서 유정(遺精) 및 몽정(夢精)이 있을 때에 토사자(兔絲子), 녹용(鹿茸),을 배합해서 쓰고, 음혈(陰血)이 손상을 받아 가슴이 뛰고 잘 놀라며 잠을 못 자는 증상에 산조인(酸棗仁), 맥문동(麥門冬)을 배합해서 사용하면 그 효력이 매우 우수하다.

오가피

성질은 따뜻하고(溫), 맛은 맵고 쓰다(辛苦).
두릅 나무과인 오가피는 siberian ginseng이라고 알려져 있을 정도로 약효가 우수한 약용식물로, 예전부터 한방과 민간요법에서 약재로 널리 사용되어 왔으며 한방에서는 여름에서 가을 사이에 뿌리와 나무껍질을 말려서 양위, 관절류머티즘, 요통, 퇴행성 관절 증후군, 수종, 각기, 타박상 등에 처방하였다. 현재까지 알려진 인삼이 가지는 약리효능과 매우 유사하다.

오매

성질은 평하고(平), 맛은 시다(酸)
간, 비장, 폐, 대장경으로 들어가 기침을 멎게 하고 진액을 생성하여 갈증을 막으며, 혈액응고(止血) 효능이 있다. 신맛은 폐의 기를 수렴시키므로 주로 폐가 허하거나 오래된 기침에 사용된다. 또한 오래된 설사와 이질도 치료한다.
진액을 생성하고 음(陰)을 도와주며 갈증(渴症)을 그치게 하므로 몸이 허하여 열이 나고 입안이 마를 때 주로 사용한다.

오미자

성질은 따뜻하고(溫) 독이 없으며, 맛은 시고(酸) 달다(甘).
신맛은 수렴성이 강하고 자음(滋陰) 효과가 커서 오래 된 해수, 천식에 유효하다. 수렴 작용이 있어서 피부의 땀샘을 수축시켜 땀이 많아지는 것을 방지하고, 진액의 생성 작용이 강하여 갈증을 풀어주고 기운이 없는 소갈증에 유효하다.
신(腎)기능 허약으로 인한 유정(遺精), 유뇨(遺尿) 및 소변을 자주 보는 증상을 다스리며, 오래된 이질, 설사에도 효력이 뛰어나다.
음혈(陰血) 부족으로 가슴이 뛰고 잠을 이루지 못하면서 꿈이 많은 증상에 쓰인다. 뇌력(腦力), 지력(智力)을 향상시켜 기억력 감퇴, 집중력 감소, 정신이 산만한 증상에 정신력을 강화시키고 사고력을 향상시킨다.
중추 신경 계통에 작용하여 대뇌 피질의 흥분 작용을 현저하게 하는 동시에 혈압 강하 작용과 거담 · 진해 작용을 보인다. 호흡 흥분 작용을 나타내며, 당 대사 촉진과 간장 내에서 당원 분해에 관여하며, 세포 면역 기능의 증강 작용을 나타낸다.
자궁 흥분 작용, 담즙 분비 촉진 작용, 위액 분비 조절 작용이 입증되었으며, 시력 증대 · 시야 확대 작용도 나타나고, 포도상구균, 탄저균, 인플루엔자균, 폐렴균, 이질균, 콜레라균의 발육을 억제하는 작용이 있다.

오향

성질은 따뜻하고(溫) 맛은 맵고 쓰다(辛, 苦).
복부가 차서 생기는 복통, 헛배 부른 증상, 구토, 설사에 사용하며 기를 잘 통하게 해 소화기의 만성 염증, 위통에 효과가 있고, 항균작용이 있어서 이질과 고환염에 쓴다.
약리작용으로 기관지와 소장 경련을 풀어 주며 혈압강하작용, 항균작용 등이 보고되었다.

우슬

성질은 평하고(平) 독이 없으며, 맛은 쓰고(苦) 시다(酸).
주로 간경·신경에 작용하면서 폐경·위경·심포경에도 작용한다. 혈(血)을 소통시키고 어혈을 제거하며, 관절을 부드럽게 하고, 혈을 신체의 아랫부분으로 보내준다. 주제(酒製)하면 간신(肝腎)을 보하고, 허리와 무릎을 강하게 해준다.
우슬은 주로 요퇴부와 허리 이하 다리의 통증에 사용한다. 신허(腎虛)로 인한 요통과 풍습으로 인한 요부 통증 효과가 있다.

부 록

울금

성질은 차고(寒) 맛은 맵고(辛) 쓰다(苦).
심장, 간, 담으로 들어가 기와 혈의 막힘을 잘 통하게 하고 통증을 완화하는 효능이 있어 어혈로 인해 기가 잘 안 통하여 가슴이 답답하거나 통증을 있을 때 치료제로 사용한다.
또한 기를 소통하게하고 울체된 것을 풀어주고, 주로 위통, 구토, 적취(積聚), 월경 불순 등을 치료한다. 청열량혈(淸熱涼血)하여 주로 토혈, 육혈, 요혈, 도경(倒經)을 치료하고, 담즙의 분비를 활성화하여 황달(利膽退黃)을 치료한다.

용안육

성질은 따뜻하며(溫) 맛은 달다(甘).
비위를 보하여 영혈부족(營血不足)을 보하여 준다. 심과 비가 허약하여 잠을 못 이루는 증상, 잘 놀라며 사려(思慮)가 과도하여 가슴이 두근거리는 증상, 건망증, 걱정이 많은 증상, 소화력이 떨어지며 변이 묽은 증상을 해소시킨다. 항균, 항암, 항노화, 항산화, 면역 기능 활성화, 강장작용 등이 있다. 장복하면 의지가 강해지고 총명해지며 건망증이 없어진다.

육두구

성질은 따뜻하고(溫) 무독하며, 맛은 맵다(辛).
온성(溫性)과 방향성이 높아서 오래 된 설사, 탈항에 유효하며 기를 잘 소통되게 한다. 비위(脾胃)가 차서 일어난 복부팽만, 구토, 식욕감퇴 등에 효과가 있다. 소화기 계통에 작용하여 장관(腸管)을 흥분시키는 효과를 보이고, 중추신경 억제 작용으로 수면 시간을 연장시킨다. 항균작용이 있다.

은행

성질은 평(平)하고 약간의 독이 있으며(有小毒) 맛은 달고(甘), 쓰다(苦).
폐기(肺氣) 수렴시키고 폐와 위기의 탁기(濁氣)를 제거해 주고 해수, 천식을 진정시켜 숨이 차고 기침이 나는 것을 멎게 한다. 폐열(肺熱)과 폐허(肺虛)로 인한 해수와 천식 모두에 응용된다.
소변이 다량으로 나오는 것을 농축시켜 소변의 양을 줄여주고 대하의 양도 줄여준다. 습열(濕熱)로 인해 소변 색깔이 희고, 대하의 색깔이 노랗고 냄새가 심할 때에 효과가 있다.

살충작용이 있어서 옴이나 전염성 피부염에 쓰이며, 배농작용이 있어 유방염에 쓰인다. 날것으로 먹으면 독이 약간 있어서 인후를 자극하며, 소아의 경우 경기를 일으키기도 한다. 폐(肺)와 신(腎)이 허약한 체질, 조금만 움직여도 숨이 찬 사람, 대하가 있는 부인, 소변이 잦은 사람에게 좋다.

인삼

성질은 따뜻하고(溫) 맛은 달며 약간 쓰다(甘微苦).

원기(元氣)를 보하고 오장의 기능을 왕성하게 하는데 특히 비장(脾臟)과 폐장(肺臟)의 기능을 튼튼하게 한다. 진액을 생성하게 하여 갈증을 없앤다. 정신을 안정시키고 눈이 밝아지며 정력이 강해지고 사고력이 높아지며 명석하게 한다. 원기 부족으로 인한 신체허약, 권태, 피로, 땀이 많은 증상, 비위(脾胃) 기능의 감퇴로 인해 나타나는 식욕부진, 구토, 설사에 활용된다. 폐기능이 허약하여 호흡하기가 곤란하고 움직일 때마다 기침이 나며 사지가 무력하고 맥이 매우 약하며 땀이 많은 등의 증상이 나타나는데 효과적이다. 안신(安神)작용이 있어서 꿈이 많고 잠을 이루지 못하면서 가슴이 뛰고 잘 놀라는 증상에 쓰이고 건망증을 없애주고 지력(智力)을 높이며, 정신력을 증강시키고 사고력과 영적(靈的)활동을 높이는데 사용된다. 기혈을 보하고 기운을 더하게 하고 양기를 튼튼하게 하므로 기운이 허약해서 혈허 증상을 일으키는 사람에게 좋다. 그 밖에도 신(腎)기능 허약으로 음위증(陰萎症):발기부전)을 일으킬 때에 강장 효과가 있다. 대뇌 피질의 흥분 과정과 억제 과정에서 평형을 유지시키며, 긴장으로 인한 신경의 문란한 체계를 회복시킨다. 인삼은 두뇌의 노동과 체력을 향상시키므로 항피로 작용과 사유 활동의 효율을 높이는 동시에 항노화 작용이 있어 집중력과 기억력 감퇴, 지력 손상 등에 유효하다. 신체의 면역 기능 개선 효과를 보인다. 소량을 사용하면 심장의 수축력을 높이나 다량을 사용하면 약화 반응을 보인다. 성선 촉진 작용도 나타나고, 고혈당에 대하여 억제 작용을 보인다. 단백질 합성 촉진 인자가 있어서 DNA, RNA의 생성을 촉진시킨다. 그 밖에도 항상성(恒常性) 유지 효과와 암세포의 발육 억제 작용, 간장 해독 기능 강화 등이 입증되었다.

자소엽

성질은 따뜻하고(溫), 맛은 맵고(辛) 달다(甘).

폐, 비경으로 들어가 추위를 발산하고 기를 통하게 하고, 물고기나 게의 독을 풀어주는 효능이 있다. 몸 안의 한(寒)을 밖으로 발산하는 성질이 있어 폐의 기를 통하게 하는 작용이 있다. 주로 감기 걸렸을 때 몸의 풍한(風寒)을 풀어주고, 열을 발산시켜, 기침이나 기관지 천식을 치료한다. 비(脾)로 들어가 기의 순환이 잘 통하도록 하는 기능이 있어 가슴이 답답하거나 구토 등을 치료한다. 자소엽은 폐의 풍한(風寒)을 풀어주는데 주로 작용하며, 그

줄기는 기를 다스리며 또한 유산을 시키는 작용이 강하고, 그 씨는 기를 떨어뜨리는 작용이 강하여 염증을 제거하고 기침을 멎게 하는 약으로 사용한다.

작약

성질은 약간 차며(微寒) 맛은 쓰고(苦) 시다(酸).
간경, 비경, 폐경에 작용하여 혈을 보하고 통증과 땀, 출혈을 춘다. 수렴완화 · 진경 · 진통제로서 복통·복만(腹滿)·근육긴장·혈액순환 촉진에 쓰인다.

진피

성질은 따뜻하고(溫) 맛은 맵고(辛) 쓰다(苦).
기를 잘 순환시키고 담을 풀어주며 소화기능을 도와준다. 해수와 천식에 진해 · 거담 작용을 나타낸다.
소염 · 진통 작용이 나타나고, 요량(尿量) 및 요산(尿酸)의 배설을 촉진시키고, 황색포도상구균 등을 억제하는 작용이 있다.

천궁

성질은 따뜻하고(溫) 맛은 맵다(辛).
간, 담, 심장으로 들어가 간을 편하게 하고(蔬肝), 울체된 것을 푸는(解鬱) 효능이 있어 가슴이 부풀어 오르면서 통증을 느끼거나, 헛배가 부르면서 통증이 있을 때 등의 증상에 사용한다. 풍습(風濕)을 제거하여 찬바람으로 인한 감기, 두통 등의 증상에 사용하며, 또한 혈의 기가 약할 때 혈을 잘 통하게 하는 효능이 있어 산후 혈훈(血暈) 즉 어지러운 증상이나 산후복통, 어혈 등의 증상에 사용한다. 그 외 붓기를 빼고 농(膿)을 배설시키는 효능이 있다.

초과

성질은 따뜻하고(溫) 무독하며, 맛은 맵다(辛).
비위(脾胃)를 따뜻하게 하고 중초의 습기를 제거하므로 복부가 차고 아픈 증상, 복부창만, 메스꺼움, 구토, 설사에 좋은 반응을 보인다. 야채를 많이 먹고 복통과 설사를 일으킬 때에도 유효하다. 약물 달인 물은 장관(腸管) 흥분 작용을 나타낸다.

치자

성질은 차고(寒) 맛은 쓰다(苦).
심장, 간, 폐, 위 신장, 방광경으로 들어가 열을 내리고 혈의 열을 차게 하고 열독을 없애는 작용을 한다. 주로 열병으로 열이 많아 났을 때, 가슴이 답답하고 불안할 때, 눈에 핏줄이 서며 붓고 아픈 것 등에 사용한다. 쓴 맛(苦味)은 건조하고 습하며, 차가운 기운(寒氣)은 열을 내리며 그 성(性)이 위에서부터 아래까지 이르므로 습을 제거하는 작용을 하여 소변을 잘 나가게 하고 입 안이 마르고 눈이 붉어지면서 통증이 있을 때나 몸에 종기 등이 생겼을 때 사용한다. 치자는 간 기능을 개선하여 황달, 화병을 치료하고 울화가 났을 때 속을 풀어주는 치료에도 효과가 있다. 방광의 습한 열을 제거하므로 임(淋)병을 치료한다. 또한 혈을 서늘하게 하여 지혈작용을 하며, 부종과 진통 작용이 있다.

토사자

성질은 평하며(平) 맛은 달고(甘) 맵다(辛).
주로 간장과 신장을 보호해 주며 눈을 밝게 해주며, 양기(陽氣)를 도우며 신장을 튼튼하게 해준다. 신장이 허약하여 생긴 남성의 성교 불능증, 정액이 저절로 흐르는 경우, 몽정(夢精)에 효과가 있다. 뼈를 튼튼하게 하고 다리 허리 힘을 세게 해 주며, 신장 기능이 허약하여 허리와 무릎이 시린 증상을 치료한다. 또한 오줌소태와 소변을 잘 보지 못하는 증상, 설사를 낫게 하며 당뇨에도 효과가 있다.

토란

성질은 평하며(平) 맛은 달다(甘).
위경, 대장경에 작용하여 입맛을 돋게 하고 변이 잘 통하게 하는 효과가 있다. 위장의 기능을 활발하게 함으로 가슴부위와 헛배 부른 느낌을 없애며 변비에 좋다.
독충에 쏘였을 때 토란 줄기를 짠 즙을 바르면 효과가 있고, 치통 때문에 볼이 부었을 때 토란과 생강을 갈아서 바르며 부기와 통증이 가라앉는데 효과적이다. 종기가 났을 때 토란을 먹으면 잘 낫지 않고 자국이 남으므로 주의해야 한다.

하엽

성질은 평하며(平), 맛은 쓰다(苦).
서열(暑熱)을 없애고, 어혈을 흩으며 설사, 두통과 어지럼증, 야뇨증, 토혈, 코피 등의 출혈증에 좋으며, 산후 이혈치료에 효과가 있고 해독작용이 있다.

부 록

하수오

성질이 따뜻하고(溫)독이 없으며 맛이 쓰고(苦) 달며(甘) 떫다(澀).

간을 보하고 신의 기능을 도우며 혈을 자양하고 풍을 없애며 간신(肝腎: 한방에서 넓은 의미의 간장 肝腸과 신장 腎臟)의 음이 손상된 것을 치료한다. 머리가 일찍 세는 것을 막아주고 혈이 부족하여 나타나는 어지러움증을 치료한다. 허리와 무릎이 연약한 것을 치료하고 근골의 쑤시는 증상을 완화시키며 정액을 저절로 흘리는 증상, 대하가 많이 나오는 증상에 좋으며 만성간염에 좋다. 결핵성 림프선염에도 효능을 보이며, 장관이 건조해서 일어나는 변비증의 통변(通便) 작용을 나타낸다. 혈청 콜레스테롤치를 내리고, 죽상동맥경화를 감소시키거나 방지한다. 관상동맥 혈류량을 증가시키고, 심장 근육의 보호작용을 나타낸다. 동물실험에서 생쥐에게 추위에 견디는 능력을 높여주고 늙은 쥐의 흉선 위축을 막아 주어 면역기능에 관여함을 알 수 있었다. 장관의 연동작용을 촉진시키므로 변비에 유효하고 결핵균과 이질균의 발육을 억제하는 작용을 나타낸다.

황정(둥글레)

성질은 평하며(平) 맛은 달다(甘).

황정은 보중익기(補中益氣: 속을 보하여 기를 더 하고), 윤심폐(潤心肺, 심폐를 촉촉하게 하며), 강근골(强筋骨, 근골을 강하게 하는) 효능이 있다. 비, 폐, 신경락으로 들어가며, 성질이 무거워서 습을 도우므로 비장이 허하여 습이 많은 자나 기침에 담이 많은 자, 속이 차서 설사하는 자 등은 복용을 금지한다.

홍화

성질은 따뜻하고(溫) 맛은 맵다(辛).

심장, 간으로 들어가 혈액순환을 잘 통하게 하여 어혈을 풀어준다.

주로 통증, 산후 악성 종기로 인한 복통(産後瘀腹通), 주근깨(斑疹), 계절동통(季節疼痛) 등을 치료한다.

황기

성질은 따뜻하고(溫) 독이 없으며 맛은 달다(甘).

비(脾)를 보하여 기를 더해주며 원기를 북돋아 주어 땀이 많이 나는 증상을 완화 시키며 혈액을 생성시키고 수분대사를 원활히 하여 종기를 다스린다.

비기(脾氣) 허약으로 인하여 얼굴빛이 희거나 황색을 띠는 증상, 사지권태무력, 대변이 묽은 증상, 어지러우며 기운이 없는 증상, 말하기가 힘들고 식은땀이 나면서 가슴이 뛰고 잠을 이루지 못하는 증상에 사용한다. 기허(氣虛)하여 조혈 기관이 약화됨으로써 나타나는 권태감, 무력감 및 얼굴빛이 창백하며 광택이 없고, 토혈, 변혈, 피하 출혈, 자궁 출혈 등의 증상이 나타날 때 활용된다.

상승 작용이 있어서 위하수, 탈항, 장기탈수, 기운 하강 등의 증상에 유효하다. 기허무력(氣虛無力)으로 과다하게 수분이 체내에 정체되어 배설되지 못하는 증상, 기운이 없고 혈행 장애로 인한 피부마비와 감각마비에 쓰인다.

행인

성질은 약간 따뜻하고(微溫) 약간의 독이 있으며 맛은 쓰고(苦) 약간 맵다(辛).

기(氣)를 아래로 내려주고 폐경에 작용하여 해수 · 천식을 멎게 하며 장을 윤활하게 하여 변비에 효과적이다. 풍열해수, 풍한해수에 응용하며 감기로 코가 막히고 목이 가라앉으며 해수와 가래가 많을 때나, 폐열로 인한 해수, 천식, 길증에 효과적이다. 장위(腸胃)에 열이 많고 진액이 부족해서 일어난 변비 및 허약자나 노인의 변비에 유효하다. 가벼운 호흡중추 억제로 진해 · 평천 효과가 있다. 항종양작용이 있고, 티푸스균, 회충, 촌충, 요충의 억제작용이 있다.

편저자

조여원
경희대학교 동서의학대학원 의학영양학과 교수
경희대학교 임상영양연구소 소장

조금호
경희대학교 동서의학대학원 의학영양학과 겸임부교수
경희대학교 임상영양연구소 더 헬스기빙 센터장
경희대학교 임상영양연구소 책임연구원

김윤영
경희대학교 임상영양연구소 연구교수

저자

이름	요리	소속
고성분	삼색양갱	요리 연구가
구옥희	코다리, 마, 단호박찜	서울 메딕스 대표
권병근	용안육두텁떡	요리 연구가
권병근	한방닭고기야채전골	효성그룹 임원식당
김근석	한방바비큐립	개성면옥 조리실장
김기쁨	백년조설기	경희대학교 호텔관광대 박사과정
김남희	인삼로스편채	약선요리전문가
김남희	하수오흑임자죽	약선요리전문가
김봉찬	오발밀고(烏髮蜜膏) 맥문동 백합 정과	약선한정식 한가람 대표
김상희	인삼고추물김치	요리연구가
김상희	상엽용안육 구름떡	요리 연구가
김영빈	닭살 총명찜	요리 연구가 및 푸드스타일리스트
김영빈	하수오 흑미호두죽	요리 연구가 및 푸드스타일리스트
김영순	보혈규아상	고려대보건대학교 식품영양학과 교수
김옥선	구기자 영양찰편	한방약선 전문가 과정 수료
김유진	닭가슴살 크레페	문화센터 요리강사
김은경	전복숙지황인삼조림	해피홈푸드 케터링 대표
김은민	약선각색만두와 유자소스	명지대학교 산업대학원 식품양생학과 한방약선전공 석사과정
김자경	연자육 용안육 샐러드	국가조리사 시험감독위원
김자경	산사 견과류 쿠키	국가조리사 시험감독위원
김정석	보쌈	엄마손밥상 대표
김주헌	바쁜 아침을 위한 과일녹차요구르트	요가 강사
김진순	삼동죽(蔘冬粥)	떡, 한과 연구가
김진화	미니 파프리카전	i 얼굴 대표
김태순	새우표고찜	태전대학교 조리외식계열 강사
김판순	인삼가지선	한방약선 전문가 과정 수료
김판순	산약녹두지짐	한방약선 전문가 과정 수료
김효진	보혈돈육안심야채말이	요리연구가
남현숙	매실을 넣은 훈제 연어말이	베스트웨스턴서울가든호텔 영양사
누국진	쑥 수제비	송도 컨벤시아 연회 사업부 대표, 강화로얄호텔 대표
문성인	인삼스무디	㈜ 미카 대표
민광숙	닭살 잣즙냉채	요리 강사

박분선	약선 두부전	박선정 요리 연구원
박소민	약선주먹밥	건국대학교 생활과학과
박수화	인삼경단	경희대학교 동서의학대학원 석사과정
박숙주	아구샤브샤브	본가물터벙 대표, 경희대학교 겸임교수
박순균	청열 메밀 오색전병	(주)한화
박순휘	간편한약선다이어트죽	음식연구가
박아름	약선 맛탕	경희대학교 직원
박영미	산약전복샐러드	경북전문대학 식품가공조리과 겸임전임강사
배현주	한방닭칼국수	대구대학교 식품영양학과 교수
백승희	음허체질을 위한 약선 Quiche	천암연암대학 외식산업학과 교수
복혜자	십금해삼어선	고려대학교 이학 박사
신미숙	비수리 둥굴레밥	한방약선전문가 과정수료
신수정	작약과토란을 넣은 들깨두부전골	배윤자 요리학원 강사
신영옥	한방광어식혜	한방약선 전문가 과정 수료
신태효	옥죽 산약 영양밥	한방약선전문가 과정수료
왕혜문	봉황보혈탕	원초당 한의원 원장
우종성	한방영양닭찜	메디하우스 의원 관리부장
원명숙	보혈탕수육	청심국제고등학교 영양사
유은숙	보양 녹육 수육(사슴고기수육)	한방약선전문가 과정수료
이경선	치킨 인삼 데리야끼 스테이크	삼성에버랜드
이경희	오미자 표고탕수	전통식생활문화 연구원
이금래	수삼 유자청 무침	한방약선 전문가 과정 수료
이명호	양로보정죽	청풍솥뚜껑삼겹살 대표
이미진	제호편	경희대학교 일반대학원 석사
이소연	산약인삼죽	한방약선 전문가 과정 수료
이순옥	인삼쇠고기육포	전통혼례음식전문(폐백, 이바지)
이순옥	복령3색꽃송편	전통혼례음식전문(폐백, 이바지)
이영순	7색 부꾸미	전통음식 연구가 (장류)
이영희	수삼사과드레싱배추마샐러드	한방약선 전문가 과정 수료
이유영	대추떡꼬치	대학원생
이윤근	한방 차돌박이 쌈밥	토성 대표
이윤희	대추죽	경희대학교 호텔관광대 석사
이점숙	팔각 산사 약선장육	건국대학교 행정대학원 사회복지학과
이정선	대추전병쌈	문화센터 요리강사
이정희	한방닭고기냉채	고려대보건대학교 식품영양학과 겸임교수
이주영	오미자젤리	한방약선 전문가 과정 수료
이주영	소회향춘권칩	한방약선 전문가 과정 수료
이지선	녹차단호박팥죽	분당차병원 영양실장
이지양	흰머리를 검게하는 하수오약편	우리음식연구원
이진숙	한방닭안심수삼말이	대학강사
이현정	산약 닭간 튀김	서초구 보건소 영양사

임점희	묘삼(종삼) 장아찌	세종대학원 외식조리경영학과
임점희	은행 장아찌	세종대학원 외식조리경영학과
임점희	수삼굴라쉬	세종대학원 외식조리경영학과
임점희	대추 장아찌	오산대학교 관광사업학과 겸임교수
장은희	닭날개조림	한방약선 전문가 과정 수료
전미경	생맥산 야채 샐러드	약선요리전문가
전혜원	생맥산 인삼 쇠고기튀김	영푸드앤디자인요리학원 강사
정영순	육보계탕	궁중음식연구원 수료
정은진	백복령 녹두 부편	광명시 여성회관 교육팀
조금호	전골뚝배기	경희대학교 동서의학대학원 겸임교수
조동희	용안 약식	궁중음식연구원 수료
조명숙	영양듬뿍 닭국수	대학강사
조선의	삼색증편	서울시 우리음식 연구회 부회장, 대림대 출강
조선지	황정죽	약선 연구, 여성인력개발센터 강사
조선지	약선배추김치	여성인력개발센터 폐백이바지반전문강사
조성원	약차	한약사
조익준	두구초과추어탕	㈜강원랜드 조리사
주행숙	표고선	푸드 스타일리스트
차복란	오디양갈비 구이	혜전대학교 호텔조리 외식계열 외래교수
최영미	삼기돈족조림	부산 동의대학교 부속한방병원 영양실장
최영미	산수유나박김치	부산 동의대학교 부속한방병원 영양실장
최원구	두충 팥죽	약손한의원한의사
최은정	고진음자 쇠고기 튀김	일투오 까페 대표
최은주	연근튀김	전문조리강사
최인재	산약 닭고기 볶음밥	㈜농심 개발본부 과장
최인재	숙지황 오징어 돼지고기 볶음	㈜농심 개발본부 과장
하호경	오미자인삼김밥	드림파마
하호경	구기자 산약 닭고기카레	드림파마
한상남	연샐러드	참요가원
홍영란	돼지등심곽향소스조림	사진작가
황순녀	색동조랭이떡 냉이만두국	서울과학고등학교 영양교사, 을지대학교 식품과학부 외래교수
황희영	수삼오징어 샐러드	한방약선 전문가 과정 수료

약선의 사계

봄/여름/가을/겨울

초판발행 2009년 12월 14일
초판 4쇄 2019년 1월 11일

지은이 경희대 임상영양연구소 한방약선 전문가과정
펴낸이 채종준

펴낸곳 한국학술정보(주)
주소 경기도 파주시 회동길 230(문발동)
전화 031 908 3181(대표)
팩스 031 908 3189
홈페이지 http://ebook.kstudy.com
E-mail 출판사업부 publish@kstudy.com
등록 제일산-115호(2000. 6. 19)

ISBN 978-89-268-0702-6 13590 (Paper Book)
978-89-268-0703-3 18590 (e-Book)

책에 대한 더 나은 생각, 끊임없는 고민, 독자를 생각하는 마음으로 보다 좋은 책을 만들어갑니다.